Cuentos para la hora de los postres

ala delta

© Maria Dolors Alibés
Francisco Meléndez
Editorial Luis Vives, 1988
Diseño cubierta: José Antonio Velasco
Depósito legal: Z. 1100-88
ISBN: 84-263-1414-7
Talleres gráficos Edelvives
Apartado 387
50080 Zaragoza
Printed in Spain

Maria Dolors Alibès

CUENTOS PARA LA HORA DE LOS POSTRES

Ilustrado por:
Francisco Meléndez

Traducción de:
Miguel Ángel Moreno Gómez

EDELVIVES

Presentación

NACÍ en Vidrá (Girona) el 2 de enero de 1941.

A los siete años, después de leer algunos cuentos, decidí que quería ser escritora. Fui considerada una niña muy distraída, pero que se sabía bien la lista de los reyes godos.

Yo seguía con la idea de escribir y hacía ensayos en secreto. A los cuarenta me licencié en Historia por la Universidad de Barcelona.

Durante cinco cursos di clases de Lengua catalana a niños de EGB. Los tres últimos años he trabajado como asesora en el Departament d'Ensenyament de la Generalitat de Catalunya.

Pero mi verdadera vocación sigue siendo la de escribir.

En el año 1979 publiqué la primera novela infantil, y desde entonces han seguido dieciséis libros y casi un centenar de cuentos cortos.

He ganado algunos premios. Algunos me los han dado en mi propia casa, y el que me vino de más lejos fue el de la Biblioteca Nacional de Munich, en 1983, por un relato de fantasmas.

Los lectores suelen preguntarme por qué escribo, qué es lo que ahora estoy haciendo y qué haré en el futuro...

Ignoro en qué momento empecé a contarle cuentos a la niña que fui para que no se me escapara del todo.

Cuentos, relatos, observaciones, visiones, rabietas, escapadas... La niña que fui había leído muchos cuentos, pero no se los habían contado de viva voz. Por eso le gusta oírme hablar en primera persona, directamente, sin fórmulas ni estructuras ni otra estética que no sea la voz, los guiños, los entendimientos... casi siempre con un final sin resolver del todo, porque la niña prefiere quedarse con la expectación de los planteamientos, de la pluralidad o del absurdo. Lo prefiere a la tranquilidad del corte único e irreversible... a menudo tan poco respetuoso como un corte de mangas.

El protagonista de muchos cuentos suele ser un niño introvertido que huye en secreto de la insipidez cotidiana. Freud sabría por qué. Su espacio no tiene límites y en él caben semáforos, cabinas telefónicas, robots... mezclados con animales y plantas... Últimamente viaja mucho a los planetas. Y en cuanto a su tiempo, es, básicamente, hoy y mañana, aunque, pensándolo bien, en un futuro puedo hacerle viajar por la edad de piedra, que puede tener su encanto y su aire limpio... Veremos.

Hasta aquí van los inicios de mi vocación con mi motivación más profunda. Pero después de publicar un centenar de cuentos y de hablar directamente de ellos con miles de niños, me ocurre que se me está haciendo cada vez más presente el lector: le «veo», por eso últimamente suelo empezar diciendo: «¡Hola!», o «no te muerdas las uñas», o «huele la página catorce»... y cuidado que esto no tiene nada que ver con la moda de la interacción (palabreja cruda para hablar los mayores de los asuntos de los niños cuando éstos no están presentes, y que consiste en hacer saltar al lector de una página a otra, cual saltamontes con autonomía limitada). Yo, con mis pellizcos a mi amado lector, sólo pretendo que note mi presencia como yo noto la suya y que podamos saltar, juntos o separados, por donde nos dé la gana.

Me consta que mis lectores, más listos que el hambre, entienden siempre mis cuentos, aunque tengan estructuras raras, sean laberínticos o con más lagunas que tierra firme... Pero hay mucho más: encuentran en ellos cosas que yo no puse, con lo cual tengo por seguro que los lectores se convierten en autores así que adentran sus narices en mis páginas.

Y futuro, no sé si habrá futuro, pero, por poco que lo haya, yo me propongo seguir con mis trece contándome, y contando a mi manera, este cuento de nunca acabar que es la vida y sus milagros.

Por lo que se refiere a los CUENTOS PARA LA HORA DE LOS POSTRES, los hay que, además de ser cuentos, tienen su propia historia o mi cariño especial. EL DÍA QUE ME PUSIERON LIBERTAD, por poner un ejemplo, nació en Madrid en una Feria del Libro de 1987. Los altavoces informaban insistentemente que se había perdido una niña llamada Libertad. Pero ¿a quién se le ocurre poner un nombre así a una niña y no esperar que se pierda?

FATALIDAD, un cuento que quiero especialmente, aunque salió solo. Una idea, un chispazo, una visión fantástica contrastando con este buen hombre que a menudo se cuela en mis relatos... Como el ladrón constipado de BALANCE DE UN MES. Nunca vemos mentalmente a un ladrón aquejado de gripe... Como si fueran inmunes a los virus, solemos imaginarlos actuando con una salud y unos ánimos envidiables... y es que usamos una imaginación muy de tipo estándar que nos hace ser poco realistas en nuestras apreciaciones. No lo duden, un ladrón puede perfectamente regar las plantas si cae en la cuenta de que les falta agua.

El llamado ENVOLTORIO DEL PLANETA, con una maraña de meridianos y paralelos, no estoy segura de que sea un cuento. Sonará a pretencioso, pero yo lo concibo como un homenaje a la imaginación humana. Sin imaginación no habríamos creado ni un mondadientes... Es más, sin imaginación no harían ninguna falta los mondadientes.

O el caso de SIRONA REFLEXIONA, que me deja contemplar cómo la sociedad organizada es capaz de convertir en objeto atractivo un simple rollo de papel higiénico y venderlo a quien no lo necesita

Y para qué seguir.

Para qué les voy a contar.

Sólo un aviso.

A veces se me duerme la mano y me la despierto escribiendo... Por eso no sería nada raro que ustedes encontraran hormigas en alguno de estos cuentos.

Lo que hagan ellas ya es cosa suya.

La fatalidad

CAMINABA distraído y se ve que sin querer pisé un botón que nunca nadie había pisado. Por culpa de esto, la raya del ecuador se separó un par de metros, convirtiendo a la Tierra en dos medias naranjas divididas por un abismo profundo y difícil de atravesar de un solo salto.

La verdad es que no me di cuenta de nada porque vivo lejos del ecuador, pero al cabo de pocos días recibí una notificación por correo certificado con la sanción correspondiente por mi mala acción, y la orden taxativa y expresa de volver a cerrar el globo.

—¡Ésta sí que es buena! —me dije a mí mismo.

Y aquí me tenéis dando vueltas de arriba para abajo buscando el botón.

Me tiré media vida cabizbajo y con la mosca detrás de la oreja por las amenazas de las autoridades.

Envejecí y me encorvé, y ahora, para colmo, ya no veo apenas, pero con todo y con eso no dejo de buscar el maldito botón que de una vez unirá al mundo y a mí me dejará en paz.

Hoy he recibido otra notificación por correo certificado. Dice lo siguiente:

«A tener en cuenta. No vuelva a pisar el botón que unía la raya del ecuador. Acabamos de inaugurar el puente número ochenta mil que une las dos mitades. Si usted lo pisa de nuevo, dará al traste con esta colosal obra de ingeniería.»

Después de haber leído esta nota salté de contento y, como ya se veía venir, justo en ese preciso instante sentí debajo de mi zapato el famoso botón.

¿Os parece mayor fatalidad la mía?

Niñas con trenzas

SEÑOR director:

Perdone usted mi atrevimiento. Le escribo aun sabiendo que su periódico no es un consultorio. De todas formas, como mi problema tiene su origen en su diario, me parece lógico planteárselo.

Tengo veintiocho años y soy padre de una niña de seis que lleva el pelo recogido en dos hermosas trenzas. Trenzas que yo, cada mañana a las ocho, rehago todo lo bien que puedo.

Cepillar el pelo y trenzarlo no es que resulte muy difícil, no requiere fuerza ni ingenio, sólo habilidad y un poco de práctica.

Lo malo es que, mientras yo la peino, mi hija lee su diario.

—¡Papá! ¿Qué quiere decir socialdemócrata?

—...so... Estate quieta, que si no te haré daño... Socialdemócrata, como te lo digo, es una persona que... tiene el pelo muy suave... una persona que no vive sola y...

—¡Ya me doy cuenta de que no lo sabes!

Pasa hojas y lee los titulares.

—¿Y qué quiere decir presión fiscal?

Yo hago un esfuerzo mental y trago saliva.

—Mira, hija, te lo explico porque esto lo sé bien. Voy a ponerte un ejemplo: Supongamos que yo te compro una pelota y en el momento de dártela saco un poco el aire. Te la doy bastante desinflada. ¿Comprendes?

—Comprendo y puedes comprármela hoy mismo. Ya encontraré quien me la hinchará.

Sigue leyendo y yo sólo tengo hecha media trenza.

—Hay guerras frías y guerras calientes, ¿verdad?

—Hay guerras... varios tipos de guerras...

—Ya veo que no entiendes. ¿Y copyright? ¿Qué significa copyright?

—Es una palabra inglesa.

—Eso ya lo sé; pero ¿qué significa?

—¡Ahí va! ¡Ya tenemos una! ¡Ha quedado muy bien! —despisto refiriéndome a la trenza.

—¿Pero tampoco sabes lo que quiere decir copyright?

—Sí que lo sé. Es un signo de propiedad. Tú pones tu nombre en tus libretas para que todos sepamos que son tuyas... Algo así.

Suspiro y empiezo la segunda trenza.

Aún le queda medio diario.

—¿Por qué no juegas con las manos para desentumecer los dedos...? —propongo.

—Cuando termine de leer. ¿Has visto alguna vez un arma estratégica?

—No, yo no. No me gustan las armas.

—¿Qué es el uranio enriquecido?

—Un señor que se ha hecho rico en cuatro días —se me escapa.

—¡Papá! No digas mentiras y no me des tirones...

—Es un mineral. Un mineral que para unas cosas va bien y para otras no tanto. Es lógico.

Pausa para pasar hojas.

—Tu pelo huele muy bien, ¿sabes? Huele a romero.

—No vuelvas a explicarme cuentos de romero. ¿Qué significa la reestructuración de la economía?

—Un momento, que te lo explico... Veamos. Organizar de nuevo. Distribuir el dinero de otra forma. Mira, por ejemplo: cuando los vecinos cambiamos la portera por el portero electrónico, hicimos una reestructuración de la economía.

—Comprendo... ¿Y las porteras cómo hacen para reestructurar la economía?

—Habría que preguntárselo... Hace un buen día, ¿verdad?

—¿Qué son las corrientes vanguardistas?

Respiro dos veces largamente para volver a tomar aliento y salir del trance.

—Los vanguardistas son los artistas de una época que hacen cosas nuevas de verdad y que los demás quisieran copiar, pero no les sale, y si les sale, deja de ser vanguardismo...

—¿Qué quiere decir productos adulterados?

—Pero, hija mía..., ¿no pone nada más interesante el diario? ¿Por qué no miras las páginas de espectáculos?

—Adulterados viene de adultos, ¿verdad?

—Es posible...

Acabo su trenza a toda prisa y me queda la sensación de

que una ha quedado más floja que la otra. A lo mejor se le deshace.

La situación que le describo se repite todos los días, y cada vez peor, porque mi hija no deja nada por preguntar.

Estoy traumatizado.

Un día que la sesión resultó especialmente dura le propuse que se cortara las trenzas. Me contestó si ésta era mi forma de asumir la paternidad...

Señor director: quizá sería conveniente que todos los días salieran con un índice explicativo... Digo yo.

Comprendo que es una cuestión de difícil arreglo y que la redacción del diario no tiene ninguna culpa.

Por otro lado, he contado mi problema porque moralmente me siento obligado a avisar a otros padres de niñas con trenzas.

Gracias.

De Simótrica a Trirolandia vía Cafarnaúm

EN la estación central de ferrocarriles de Simótrica pedí un billete para Trirolandia y me informaron muy amablemente que para aquel lugar sólo vendían trilletes. Ganas de complicar la vida, pensé malhumorado. Pero como el viaje me interesaba, ya me tenéis pagando el trillete a toca teja y subiendo al primer tren con dirección a Trirolandia.

Al poco de subir al vagón, un bigotudo empleado de la compañía, que más tarde supe que se decía trigotudo, me ofreció una corona con auriculares.

—¿Y qué hago yo con esto? —pregunté.

—Es para mantener el equilibrio, señor. Un servicio de la red de ferrocarriles. Cuando baje, tendrá que devolverla. ¡Buen viaje!

Efectivamente, al echar un vistazo a los viajeros, vi que todos iban coronados y con auriculares en las orejas.

A su hora en punto, el convoy inició el movimiento de arrancar y yo esperaba los tric-trac que hace cada tren que se precie. Pero no, nada de tric-trac ardientes e impetuosos: el tren de Trirolandia hacía fiu-fiu, fiu-fiu, fiu-fiu... Igual que un pajarito resfriado y cursi. El balanceo era tan suave que hubiera permitido a los pasajeros jugar al billar, que, por cierto, después supe que se llamaba trillar, y hacer carambolas.

Sí que se aprenden muchas cosas viajando, estuve pensando con tal entusiasmo que hasta dejé escapar signos de admiración. La timidez me impide airear mis atributos personales, pero por aquel entonces, mientras pensaba, se me escapaban los signos de puntuación.

—Tenga cuidado, señor. Se le cayó algo de la corona.

—Gracias, tendré cuidado...

Debíamos de ir a más de doscientos por hora y el cielo hacia el poniente parecía un mar de cabelleras largas, rojizas y despeinadas.

—¡Madre, mira! ¡Un águila bicéfala! —gritó un niño que estaba sentado delante de mí, señalando algo por la ventanilla.

—No se dice bicéfala, hijo, se dice tricéfala. A ver cuándo aprenderás a hablar bien...

Esta vez, y como consecuencia de la conversación entre la madre y el hijo, dejé caer un signo de interrogación, pero no se dio cuenta nadie porque lo cogí a tiempo fingiendo arreglarme la corona.

Un poco más tarde, cuando ya dejamos atrás un pueblo que se llamaba Trifulcación, según lo que ponía en el andén, pasó el revisor para comprobar los trilletes y muy amablemente iba informando a los pasajeros que había servicio de restaurante y triblioteca.

Cuando el revisor salió, alguien comentó que los tristecs que servían en el restaurante eran tan duros que, si conseguías tragarlos, necesitabas tricarbonato para digerirlos.

Por todas partes se encuentran personas a quienes les gusta aguar la fiesta, pero lo que más me interesaba en aquel momento era descubrir por qué esta gente ponía tanto tris a su habla.

—¿Se puede ver muy lejos con este trinóculo? —me preguntó el niño de enfrente señalando el objeto que yo tenía colgado del cuello.

—¿Trinóculo, dices? No es ningún trinóculo. Es un binóculo, ¿ves?, tiene dos cristales. Si tuviese tres, es posible que...

—¡Por favor! —interrumpió la madre toda sofocada—. ¿No le da vergüenza explicar palabras malsonantes a los niños?

—¿¡Malsonantes!? Usted exagera, señora —me indigné, dejando caer un signo de cada tipo, que el niño recogió.

—Ustedes, los extranjeros, tienen la manga más ancha que un tridón de aceite.

—No entiendo el exabrupto, pero creo que ha querido decir bidón.

—¿Lo ve? ¿Lo ve? ¡Ya lo decía yo!

La dejé por imposible, pero en el compartimiento se creó una tensión que no hubo manera de disimular. El niño sonreía, me guiñaba el ojo y, sin palabras, sólo moviendo los labios, me estaba repitiendo: di bi, di bi, di bi...

Como yo no estaba para niñerías, cerré los ojos dispuesto a escuchar el fiu-fiu del tren, pero me pareció que el ruido no era fiu-fiu, sino triu-triu, triu- triu...

—Me parece que me voy a volver loco.

Me levanté para estirar las piernas y, como en el vagón no había grandes posibilidades para pasear, me dirigí al bar.

—Usted dirá.

No sabía qué decir y el camarero eligió por mí un refresco de efectos eufóricos y al cabo de muy poco tiempo entablé conversación con un triólogo que iba a Trirolandia para hacer un estudio de los ganafres, género a punto de extinguirse a causa de una enfermedad llamada científicamente «bronquius obstrusus».

Cuando ya llevábamos siete estaciones conversando, el hombre me explicó que en Trirolandia eran trilingües, tenían una bandera tricolor y, con el esfuerzo de varias generaciones, habían conseguido suprimir todos los «bi» de su vocabulario. Tenían tricicletas, tríceps y trisabuelos... y los niños pequeños se criaban con triberones, sólo para dar unos cuantos ejemplos.

Fue un golpe muy duro, porque yo iba a Trirolandia a vender bisturíes.

Pero no hay mal que por bien no venga: desde que bajé del tren, y nada más devolver la corona con auriculares, nunca más se me escaparon signos de ningún tipo. No sé si los agoté todos durante aquel viaje o el llevar la corona tuvo efectos curativos. Da igual. El caso es que fue un viaje sorprendente y todavía guardo el trillete como recuerdo de la trifulca.

3

Tempestad en un vaso de agua

UNA vez un conferenciante interrumpió por un momento el discurso que estaba pronunciando para beber un sorbo de agua. Y entonces, las palabras que tenía en la punta de la lengua cayeron al vaso y se hundieron.

Hay palabras que saben nadar y otras que sólo saben irse a pique.

La palabra CORCHO, por poner un ejemplo, nada sin problemas sobre la superficie, y mojándose sólo las puntas de los pies de las letras...

La palabra PEZ nada libremente, como un submarino ligero y sin averías. Se desplaza en todas las direcciones o se para a contemplar el paisaje subacuático. No es fácil pescarla con las manos porque es lista y no está por las bromas. Se siente feliz en el agua.

La palabra AZÚCAR se disuelve rápidamente y en pocos momentos se pierde de vista... Y la palabra FUEGO muere sin remedio al primer contacto con el líquido, ni siquiera deja el rastro del cadáver...

Pero ya basta de ejemplos.

De la boca del conferenciante salieron precipitadamente palabras largas, como, TRANQUILIDAD, o cortas, como ORO, o medianas, como JUEGO. Y en el segundo sorbo saltaron CUCHARADA, DOMADOR, MINUTO, PALOMO, HUESO, AUTÓGRAFO y PAN...

El orador siguió hablando y el público decía a media voz y removiéndose en la silla: ¡Qué discurso más raro...! ¡Parece que le falta léxico a este señor!

En el agua, el término TRANQUILIDAD nadaba reposadamente y sólo la cola de la letra Q quedaba sumergida todo el tiempo.

En cambio la palabra ORO, pese a su poco volumen, había ido a parar al fondo en menos de nada. Le pesaban las OES, según comentario jocoso del vocablo JUEGO.

Había mucho movimiento en el vaso porque la palabra MINUTO, a cada minuto se quería convertir en otro minuto y hubo que pararla...

La palabra DOMADOR las quería amansar a todas. La llamada PALOMO perseguía a la PAN. Y la voz HUESO se atravesó sobre AUTÓGRAFO y le retenía al fondo removiendo nada más que las letras AU, que formaban su cabeza, y las FO, que formaban su cola.

El conferenciante, algo inconsciente, seguía hablando, pese a la falta de palabras. Y los asistentes dejaron de prestarle atención para observar el maremoto de olas en el vaso de agua.

Maremoto por el movimiento, pero también barullo de colores.

Todo el mundo conoce la variedad de tonalidades que tienen de ordinario las palabras. Y en esas circunstancias, más aún a causa de los reflejos del agua y de los remolinos inquietantes.

En el fondo del vaso, la palabra ORO, amarilla y centelleante, parecía un sol al revés y daba calor a las palabras más deslucidas, como PAN, HUESO, DOMADOR...; daba viveza a las tonalidades múltiples, pero pálidas, del vocablo TRANQUILIDAD.

Todas las palabras jugaban animadas por la voz JUEGO, y los asistentes de primera fila hacían, de vez en cuando, el gesto de taparse con el brazo para evitar salpicaduras.

Hacia el final del discurso, el conferenciante sorbió de nuevo un trago de agua y esta vez dejó una sola palabra:

La palabra MIEDO.

Al instante se hizo la quietud y el silencio en el vaso, porque la palabra MIEDO es altamente paralizadora.

Se acabó la tempestad, creyeron de buena fe los oyentes de primera fila. ¡Qué paz!

Pero no. Simplemente no podían oír cómo el corazón de las palabras, trip trap, trip trap, latía encogido.

Ahora, la palabra MIEDO nadaba como una reina, alargando la EME con aires de suficiencia.

Alargó tanto la letra EME, que la palabra PALOMO tropezó con ella y, creyendo que se trataba de algo comestible, se la tragó sin pensarlo dos veces. Y, naturalmente, la palabra MIEDO sin EME no es nada.

Y volvió el movimiento dentro del vaso, y los colores y los juegos, y la tranquilidad.

Pero nadie se dio cuenta de ello porque el discurso había terminado y todo el mundo se fue a casa.

Balance de un mes

DICIEMBRE siempre ha sido un mes flojo y de pocos ingresos. Por lo menos para mí, porque tengo colegas que se han hecho de oro precisamente aprovechando las fiestas... y no digo nombres porque soy discreto...

Todos los años por estas fechas me digo a mí mismo: debes tomarte unas vacaciones como hacen los demás. Empezar de nuevo la segunda semana de enero, por san Antonio, cuando todos han tirado ya el árbol de Navidad y han guardado los adornos... por lo menos entras en los pisos y lo ves todo claro. Encima de los muebles sólo hay lo que tiene que haber y en seguida ves las piezas que valen, nada de bolitas doradas. Al pan pan y al vivo vino y llenas el saco. Lo del saco es un decir, porque hace tiempo que trabajo con una bolsa de deporte, ligera, moderna y con compartimientos. Llenas la bolsa, decía, y sabes lo que te llevas.

Hoy no he trabajado porque estoy resfriado y los estornudos me delatarían, pero ayer mismo tuve un día muy poco aprovechado; básicamente a causa de las bolas de colores que se agitaban en el aire, rodaban por el suelo o me hacían guiños desde los cajones. Hay gente que con lo de la ambientación las pone por todos lados y en gran cantidad.

Era el número siete de Pompeu Fabra. Casa de dos plantas. Sabía de buena tinta que los inquilinos pasan las fiestas en San Caledoni y que podía operar sin riesgo... Fácil de abrir, todo como la seda. Olor de casa buena, toda ella enmoquetada, no se oía ni una sola pisada. Se ha ganado mucho con lo de los suelos forrados, que hoy están a la orden del día. En otros tiempos pisabas una baldosa mal colocada allí donde menos te lo esperabas y te sobresaltaba un chirrido seco y una duda que te hacía perder el tiempo: ¿Guardarán el dinero bajo esa pieza movediza?, te preguntabas. La mayoría de las veces aquello no era más que el resultado bien palpable del trabajo mal hecho de un albañil.

Hoy todo evoluciona.

Decía que había notado el olor de casa buena. También oí el tic-tac de un reloj que debía de andar con pilas o tener una cuerda más larga que un día sin pan y que no me interesó por su gran tamaño. Unas figuras de porcelana que supuse que eran de Sèvres, bolas por todos los lados y cintas doradas. Un cuadro abstracto firmado y todo, pero ahora sé que lo pintaría el niño en el colegio. Firmado, sí, pero sin catalogar ni valor alguno en el mercado. Encima de un mueble de caoba muy voluminoso, un tablero de ajedrez que pillé sin respetar la jugada, porque las piezas tenían una base que parecía de plata. Parecía. Hoy se imita mejor que nunca, no se puede negarlo. Más adentro, una sala deslumbrante con vitrinas llenas de cristal de Bohemia... El árbol a la derecha y el belén a la izquierda con figuras que al primer golpe de

vista parecían de madera tallada, pero... Un juego de té seguramente antiguo y de Limoges. Me sabe mal que con el deslumbramiento rompí un asa y ya veremos cómo se cotiza. Cerca de la escalera que iba hacía arriba, una escultura de Subirachs, sin la menor duda. Una especie de cavidades y concavidades. Me tiré tres cuartos de hora para desatornillarla de la peana, sin valor, supongo. Pesaba como un muerto y tuve que llevarla fuera de la bolsa, bajo el brazo, envuelta en papel de periódico y atada con cuerdas que encontré después de haber registrado la casa de arriba abajo saltando entre las bolas. Era de Suvirachs, efectivamente, pero ahora ya sé que entre Subirachs y Suvirachs hay una sustancial diferencia en cuanto a la cotización del mercado... Tan sustancial, que la tengo instalada al fondo del pasillo de mi casa y la tengo para mi gozo personal. Lástima que me haya dejado la peana: puse la obra de arte encima de un tambor de detergente vacío. Producto que mi señora de la limpieza arrampló del supermercado. Mi maestro ya me decía que la ortografía era importante, pero nunca llegué a imaginar que fuese tan decisiva...

Buscando la cuerda, encontré una colección de pipas. Trece en total y por eso no las birlé. Licores, buenos licores; por Navidad abundan, pero pesan mucho y se venden mal. Un año cogí una trompa que por poco no lo cuento, porque se ve que tolero mal el alcohol demasiado bueno. Turrones de toda clase, pero dos tabletas que cogí resultaron del duro y las tendré que regalar; claro, como las abrí, quedaré mal. A media tarde tuve que atender a un mozo que traía un paquete, que no abrí porque ya iba muy cargado.

Encima que le di propina, el mal educado se fue sin decir nada.

También regué las plantas, no porque hiciera falta, sino por si tardaban muchos días en volver a casa...

Nada, está bien claro que las fiestas atontan, y en esta época del año es cuando mejor acierta aquel dicho castellano: «No es oro todo lo que reluce».

Este fin de año lo he pasado en casa tratando de quitarme el constipado. Luego, según como vayan las cosas, me iré un par de días a la montaña. Lástima que ayer, mientras trabajaba, alguien me limpió la máquina fotográfica japonesa con tres carretes todavía por revelar.

La portera

HASTA hace poco, en casa teníamos portería. En el primer rellano de la escalera había una especie de ventanuco desde donde la señora Antonia vigilaba quién entraba y salía, recibía todo tipo de encargos de y para los vecinos, y también hacía la limpieza.

Era una mujer que lo tenía todo más o menos a medio camino. No era ni gorda ni delgada, ni joven ni vieja. El pelo, ni muy corto ni muy largo; pienso que los cabellos le salían alternos: uno blanco, el otro negro, uno blanco, el otro negro..., y así toda la cabeza.

Había días que estaba de buen humor y me daba cosas de las más dispares que uno se puede imaginar: cromos de diferentes guerras, hojas de lechuga para mi tortuga, nueces que casi siempre salían malas... Un día me dio una muñeca a la cual le faltaba un brazo... y eso que soy un chico. Dependiendo del día, se hacía la loca y no me veía pasar, o bien, malhumorada, me gritaba que no subiera por la escalera con los zapatos sucios porque se la ponía hecha una pocilga.

La señora Antonia tenía un hijo, un hijo con las piernas torcidas y la cara llena de granos. Le gustaba mucho el fút-

bol y estudiaba para ser periodista deportivo. Yo sabía cuándo el chico de la portera traía buenas notas o cuándo le suspendían en algún examen, ya que ella me regalaba cosas si su hijo iba bien. Era como si lo quisiera celebrar parando a todo el mundo y explicando los progresos de su Antonio: que si sólo le faltaban dos cursos, que si sería tan importante, que si ella no comía carne para que su hijo llegase a ser un señor el día de mañana...

Un día de los que estaba de buenas, me paró para contarme todas las cosas que creía que iban a ocurrir en un futuro más o menos inmediato.

—¿Te has fijado cuando por la televisión pasan los partidos de fútbol? ¿Has visto la nube de periodistas que rondan el campo con sus máquinas fotográficas antes y después del partido?

Le dije que sí, pero no me había fijado nunca.

—Entonces, escúchame bien. Mi Antonio estará pronto entre ellos y todos le podremos ver. Hará preguntas a quien quiera, irá bien vestido y ganará mucho dinero...

Se veía que la mujer estaba contenta de antemano. Cruzaba las manos sobre el pecho y miraba al techo suspirando satisfecha.

Fueron pasando los días y yo deseaba que todo saliese rodado para verla contenta, pero, de hecho, se veía claramente que las cosas buenas tardan en llegar, y cuando la señora Antonia tenía, a veces, los ojos rojos por haber llorado, y me decía que era porque había estado cortando cebolla, desconfiaba pensando que quizá al chico le habían suspendido en alguna asignatura...

Desde hace medio año, o un año, no lo sé muy bien, la portera se marchó. Se han hecho muchas reformas en la escalera y una de ellas ha sido sustituir a la portera por un aparato. Unos hombres, con una caja de herramientas color azul, instalaron una plaquita forrada con botones, uno para cada vecino. Está en una de las jambas de la puerta y desde allí puedes hablar con toda la gente de la escalera que, si te reconoce por la voz o le dices tu nombre, en seguida te abre la puerta. Es un aparato curioso y divertido. Los primeros días jugábamos con él. Con el Jaime del garaje intentábamos averiguar, por ejemplo, cuántos vecinos había en casa a las seis de la tarde. Hacíamos apuestas arriesgadas, y yo, en un día, perdí todos los gusanos de seda por sostener que la señora Montserrat, la del segundo primera, contestaría antes de dos minutos. No contestó porque no estaba.

Ahora ya no jugamos con el portero electrónico y estamos tan cansados de verlo que tocamos el botón sin mirar. Nuestra mano ya sabe a qué altura se encuentra.

Echo de menos a la señora Antonia y me gustaría saber qué ha sido de su hijo: si ya es periodista, si ya tiene la cámara y hace fotografías a los futbolistas, si su madre le mira embelesada...

Cuando retransmiten un partido por la televisión, siempre miro entre los reporteros que se ven, tratando de distinguir entre ellos al hijo de la ex portera. Es un poco difícil y aún no lo he conseguido. Pero no pierdo la esperanza.

El stop

ESTE año por mi santo la tía Merche me hizo un regalo de los que hacen caerte de espaldas, y es que a ella no hay quien la gane en ser original: me regaló un stop.

Sí, sí, tal como lo leéis.

Un stop de medidas reglamentarias, hexagonal, con el fondo rojo como si tuviese vergüenza... y con las cuatro letras internacionales, nuevas y relucientes. ¡Ah!, y con el poste. Encima con el poste. Me lo trajo muy bien envuelto en papel de seda blanco, con un lazo morado muy aparatoso. Y una etiqueta dorada que ponía «Felicidades» y donde se indicaba su procedencia: Jefatura Provincial de Tráfico.

Parecía una paella gigante.

Seguro que mi pobre tía tuvo que recurrir a todas sus influencias y acudir a varios Ministerios para conseguir un stop nuevo con poste y todo. Se nota que me tiene un gran afecto.

Yo fingí estar más contento que unas pascuas y le prometí utilizarlo en seguida.

Empecé por buscar un sitio donde ponerlo.

Como en un principio, y hasta nueva orden, parece ser

que los stops han sido creados para estar en la calle, estudié palmo a palmo el tramo de acera que bordea mi casa.

Después de pensarlo mucho escogí el lado derecho. Derecho desde donde se mire, claro está.

Tuve que llamar a Vicente el albañil para que trajera la taladradora e hiciera un agujero, pues, cosa rara, la calle no la habían levantado para nada en estos últimos tiempos.

Vicente el albañil me vino a ver y dijo que para esto haría falta un permiso, o sea, un papel del Ayuntamiento, firmado y sellado.

Tuve que esperar tres horas en una cola para que me diesen un papel donde ponía: *Concedemos a tal y cual el permiso para hacer el agujero de veinte centímetros de radio y cuarenta de profundidad enfrente del edificio número tal de la calle cual y de su propiedad, a fin de colocar allí... Firmado.*

De entrada esto me costó dos mil pesetas, pero eso sí, muy amablemente me comunicaron que por tener un «rótulo» delante de la casa debería pagar un impuesto vigente desde el primer día del año en curso.

Vicente el albañil trabajó dos días para fijar el stop y todavía no me ha pasado la factura.

El mismo día del estreno comenzaron en mi calle los problemas de circulación. Que yo sepa, hubo allí cuatro golpes en media mañana.

Lo malo es que algunos automovilistas que veían el stop se detenían y miraban para todos los lados, pero el que venía detrás ni se lo pensaba y... ¡zas!

Pasaron quince días y en un momento de buen follón se presentó un guardia.

El hombre investigó si «aquello» fue colocado allí o había crecido por sí mismo.

Las averiguaciones le llevaron a descubrir que yo era dueño del stop. Subió a verme y hubo un tira y afloja un poco violento.

Yo estaba en posesión de todos los permisos y al corriente de todos los pagos y, por tanto, dentro de la legalidad y del orden.

El guardia también lo reconocía así, pero acabó suplicándome en nombre de la seguridad de los ciudadanos de a pie y a caballo (los de fuerza, se sobreentiende) que retirase el stop y lo colocase en otro sitio.

Me llegó al corazón.

Aunque también hay que decirlo todo, empezaba a estar cansado de ver coches abollados delante de mi casa.

Así que decidí cambiar el stop de sitio.

Otra vez volvió Vicente el albañil con la taladradora.

De nuevo fui a buscar el permiso correspondiente. Éste era igual que el otro, pero en lugar de «colocar» ponía «quitar» y además costaba lo mismo.

Mientras Vicente trabajaba quitando el stop y tapando el agujero, yo pensaba en un nuevo emplazamiento que no causase problemas a nadie. Quizá en el jardín, se me ocurrió.

Mi jardín es tan pequeño que hasta le sobra el nombre. Veinte metros cuadrados desde la puerta de la calle hasta mi casa. Antes plantaba flores, ahora tengo tomates y ajos.

De todas formas, el stop cabía.

Me estorbaba el paso, pero no rompía el equilibrio de la fachada y me hacía juego con la puerta.

Al otro día de colocarlo, a las ocho de la mañana, lo estrené yo mismo. Iba distraído y no me acordaba de los cambios que hice el día anterior. Para empezar no estaba del todo mal. Un chichón nada más.

A partir de entonces me ocurrió un hecho curioso: estuve tres meses sin recibir ni una visita.

Se ve que, cuando alguien venía, al entrar veía el stop y se quedaba parado. Debía pensar si aquello se refería a las personas o a los coches. Pero como allí no cabía ningún coche, deducía que se refería a él y se daba la media vuelta.

Como comprenderéis, aquello tenía sus ventajas y sus inconvenientes: podía funcionar tanto para asustar a los cobradores como para ahuyentar a los que me podían traer dinero.

Así que, pensándolo bien, decidí meterlo en casa.

Tuve que seguir los mismos pasos que las otras veces.

Aunque ahora no me exigían permisos, sí tuve que pagar el impuesto de lujo.

Durante tres días y tres noches me estuve comiendo el coco imaginando dónde colocaría el regalo de mi tiita.

Si lo ponía en el recibidor, parecía una indirecta a los recién llegados; además, allí desentonaría el stop, pues tengo colocada una plaquita que pone: «Bienvenidos».

También pensé ponerlo en el balcón, pero sería como colocarle un parche, y necesitaría otro, porque tengo dos balcones... Bueno, pensándolo bien, no, porque no sirve ni para espantar a los pájaros.

En los pasillos no me parecía bien, porque allí hago gimnasia y practico el footing cada vez que tengo ganas.

Sólo me quedaban los tres dormitorios, el cuarto de baño, el comedor y una cocina con despensa.

En el comedor y en los dormitorios le veía un inconveniente: las posibles visitas lo podrían interpretar tanto como una invitación como un desaire.

No tenía elección y opté por colocarlo según temporadas: lo tengo en la despensa en épocas de depresión monetaria y en el cuarto de baño cuando suben los precios y los salarios.

De momento no me crea problemas.

El día que me fui a vivir a una cabina telefónica

TODO el mundo debería ser libre de poder escoger el grado de complicaciones que desea, igual que se eligen las películas o el menú en el restaurante. Claro, los que vayan al cine o al restaurante libremente.

Yo lo tenía bien decidido: el día que me cansara de encontrarme con todo el mundo por todos los lados me iría a vivir a la cabina telefónica del barrio más alejado.

¿Cuál es el barrio más alejado de un mundo redondo? Esta pregunta me la hago ahora, después de haber vivido la experiencia.

Yo me lo imaginaba con la puerta cerrada en invierno y abierta en verano, sentado o medio estirado encima de unas cuantas guías telefónicas ya viejas, como el mueble más apropiado para el ambiente de la casa. Con «Rollo», el perro al que quiero, vulgar, pero que hace juego conmigo, sirviéndome de cojín, de manta y hasta de pastilla de jabón...

Me fui allí un miércoles de mayo sobre las diez de la mañana. Era un lugar tranquilo y sólo se veía en primer plano una lechería, una verdulería, una farmacia, un banco, un comercio al por mayor de materiales eléctricos y dos bares...

Una señora hacía punto al sol, mientras unos chicos descargaban bultos de una furgoneta. Unos turistas paseaban y uno de ellos hacía una fotografía. El cartero repartía las cartas. Una abuela jugaba con un niño pequeño que reía dentro de su cochecito. Un chico cojo preguntaba algo a una vendedora de cupones. Un obrero, con una caja de herramientas, llamaba al portero automático. Un chico y una chica se cogían de la mano y reían. Pasaron dos repartidores de butano con una bombona cada uno...

Como yo quería tener un grado mínimo de complicaciones, me compré unos cuantos carteles, reproducciones de Picasso, Matisse y otros genios, para tapar los agujeros que dejaba libres la publicidad...

El equipo de música lo había colocado junto al teléfono público y tenía que quitarlo cada vez que entraba alguien a llamar. Más de uno me pidió que bajara el volumen.

Nada más entraron dieciséis personas y a nueve las tuve que ayudar a resolver problemas de los más diversos.

Sobre las diez de la noche vino un chico rubio y me dijo que esta cabina era su casa.

Primero me lo dijo muy amablemente. Yo le repliqué exponiendo lo que venía al caso.

El chico rubio levantó el tono de su voz y yo también.

Me debió de dar un puñetazo con toda la fuerza y furia imaginables, porque perdí el mundo de vista.

Cuando volví a ver el mundo, me encontraba en la cama,

TELEFONO
A-K

en casa de mis padres y tenía un chichón considerable. Algo me dolía, pero no sabría precisar en dónde. Mis familiares me explicaron que me había traído un miembro de la Cruz Roja y «Rollo» me miraba con cara de circunstancias.

Ahora estoy en contacto con un agente de la propiedad inmobiliaria para que me alquile un ascensor.

¡A ver si puedo vivir tranquilo de una vez!

Sé discreto y respeta los semáforos

TÚ eres muy joven, amigo mío, y muy capaz de cruzar sin antes mirar. Sin mirar los semáforos, quiero decir.

Hace cuatro días que viniste al mundo, pero debes de haber intuido que la vida no es nada fácil. ¿Ves? Aquellos armatostes apestosos y chirriantes, vehículos los llaman, se paran en la raya y todo el mundo cruza...

Pasemos nosotros también. Es el momento.

No es fácil, ya te lo dije, precisamente por eso hay que tener las cosas claras. Hay perros que sólo piensan en los huesos, sobre todo si son jóvenes...

Cuando yo era cachorro, ya me decía mi madre: Hijo mío, en ningún lugar del mundo estarás mejor que aquí. ¡No pienses que todo lo que ves es tan caliente como mi vientre! Y cuando seas grande, de mamas chorreando, no encontrarás ni una... Me parece que exageras, madre —le replicaba—, aquí cerca veo unos animales que van con las patas de delante en el aire y que no me caen del todo mal... Son los hombres, hijo mío —me contestaba con ganas de aleccionarme—, y no son patas las de delante, tienen brazos y manos, y les falta el rabo. Son imprevisibles, tanto que pueden acariciarte la cabeza como tirarte una piedra o darte un puntapié.

Son geniales, hay que reconocerlo, pero nunca sabes a qué atenerte...

Mi madre era una perra que tenía las ideas muy claras...

Y tú deja de husmear y camina.

Yo era como tú. Hace tiempo, claro... y todavía me acuerdo del primer amo que tuve. Me llamaba Persiguecasos y Nena a su mujer, me sacaba a pasear con una pala y una escoba... Un chico muy educado que soñaba cielos con distritos y luces indirectas. ¡Los hombres son como cachorros! Me hacía cosquillas en la nuca mientras subíamos o bajábamos en un artefacto que se llama ascensor (se llama ascensor, pero también baja; son poco precisos, ya te dije que eran como cachorros).

Éste, para comer, por llamarlo de alguna forma, me daba unos manjares que anunciaban por la televisión. Cuando los de la televisión anuncian algo para nosotros, sólo tienen en cuenta la psicología de nuestros amos, pero eso ya lo entenderás cuando seas grande...

Para aquí, que hay otro semáforo.

Bien, chico, ¿qué te decía? ¡Ah, sí! Tampoco era mala vida; aquello lo hubiera podido resistir sin decir una palabra. Sólo puntos suspensivos. Y es un consejo que te doy, guárdate de hablar, porque los hombres se alborotan solos rápidamente...

Pasemos, que veo que está verde.

Los hombres, amigo, están cargados de dudas. Se preguntan entre ellos, y lo oirás muchas veces, si los perros hablamos, si pensamos, o si somos capaces de imaginar... De hecho, el hombre es el único animal que tiene el privilegio de la duda, entre otros muchos privilegios, claro está. Ya lo irás viendo... Dudan, se preguntan, pero no pueden levantar las orejas. Por cierto, ¡ya ves qué miseria de orejas! Ah, y otra cosa, de la nariz ni siquiera tienen conciencia, a no ser que les gotee...

En cambio, suelen levantar el dedo, y digo el dedo porque el índice es más levantable que los otros y esto se les nota. ¿Ves?

Utilizan la mano para llamar a los taxis.

No corras tanto...

Te estaba hablando de dudas. Tienen algunas de lujo que sólo se plantean de vez en cuando: quién soy, de dónde vengo y adónde voy... Nosotros, en cambio, por lo que respecta a la primera sabemos perfectamente quiénes somos, porque ellos se encargan de recordárnoslo a cada momento.

Iremos ahora por esta avenida...

La procedencia es para ellos como un agujero inquietante. Por eso son aficionados a la historia y a los árboles genealógicos, y en cuanto al futuro, no lo tienen nada claro. Lo único que saben es que pueden dejar de existir cualquier día de la semana... Por eso mismo se hacen leer las manos por expertas gitanas, ya te darás cuenta, y consultan las páginas amarillas cada dos por tres; pero, en definitiva, todo aquello no es más que dejar volar las preguntas que no tienen respuesta.

Fíjate en eso: ése de ahí en medio hace de semáforo, pero es un guardia. No pases nunca si se le ve del todo la oreja...

Otra característica de los hombres es que tienen una dentadura muy raquítica, y algunos ni eso. Los hay que disimulan el patético vacío llevando dientes falsos entre barras, y de ahí viene que, a veces, nos tiren los huesos a nosotros. Entre ellos, normalmente, no se muerden, habiendo tenido que inventar armas ofensivas y defensivas.

Sigamos... Aquí no hace falta que busques, pues no encontrarás nada. Es un contenedor lleno de envases de cristal... Con toda esta cháchara se nos va a hacer tarde y tendremos que dar la vuelta al rabo para regresar a nuestro barrio. Por cierto, ya debiste de darte cuenta de que, como decía mi madre, ellos no tienen rabo. Si lo tuviesen, no lo dudes, alguna cosa le pondrían. Habrían inventado el rabalete, equivalente del brazalete que llevan en el brazo o del collarete que llevan al cuello... o quizá pondrían allí el reloj. Y eso, amigo mío, es porque padecen de complejo de inferioridad que les proviene de lo que han ido perdiendo a lo largo de los siglos. Y lo peor del caso es que nos implican también a nosotros. Tenemos suerte de que no se les haya ocurrido ponernos brazaletes y pendientes... Sin embargo, las gafas que llevan suelen ser justificadas...

Es hora punta. Lo reconocerás siempre porque el ruido crece todavía más y también porque el olor que echan los hombres a esta hora es natural y agradable. Pero por la mañana, cuando se han puesto desodorante, gel de baño y, en algunos casos, colonia francesa, te pueden quitar las ganas. ¡Qué remedio, amigo, debemos acostumbrarnos!

Yo, de veras, no quiero aturdirte con los consejos, pero los años enseñan y, si me has de escuchar, te diría que, por

lo menos con los primeros amos, tengas paciencia y te dejes poner el nombre que les guste... Callar mucho y observar más. Verlas venir y dosificar los mordiscos, pues antes de abrir la boca hay que preguntarse si vale la pena desvencijarse las mandíbulas... Por cierto, amigo, tú hablas muy poco. No te he oído la voz. No me has dicho ni una palabra... ¿Eres mudo?

—No, mudo no soy. Sólo soy sordo de las cinco orejas.

El día que me pusieron Libertad

MIS padres, atentos a los acontecimientos y comportamientos colectivos, me pusieron Libertad por nombre de pila.

Yo me lo creí, pobre de mí, y el día que cumplí los cuatro años, no quise esperar más para comprobarlo.

Aprovechando el día de mi cumpleaños, que coincide con las ferias del libro, dije a los de casa sin contemplaciones que iba a ir allí con «Olegario».

«Olegario» es mi gato.

Los de mi casa son del parecer de que los gatos se aburren en las ferias.

Respetando su opinión, y porque de ninguna manera quería perjudicar a «Olegario», les dije: muy bien, me iré sola.

No fue posible.

En casa somos nueve.

Ocho me miraron y dijeron: vámonos todos.

El gato se quedó tranquilo en casa.

Menos mal que el recinto de la feria es lo bastante grande. Y menos mal, también, que no todas las familias tienen nueve miembros en activo y acuden allí...

Casetas y más casetas puestas en fila india, tan larga como abarcaba la vista...

El sol debía de llevar gafas de sol, porque hacía calor, pero no molestaba...

En cada caseta, un montón de libros de colores puestos boca arriba. Parecía como si alguien los hubiese exhortado: ¡creced y multiplicaos!

Y la gente: yo miro, tú miras, él mira...

Muchas mamás con los labios pintados y los papás con la camisa despechugada...

Las chicas que cobraban y daban el cambio llevaban pendientes largos que les hacían cloc-cloc en sus sonrosadas mejillas.

Había niños y niñas que paseaban los ojos entre las letras enfiladas, porque ya debían de saber leer.

Y yo que no lo sé, pero me puedo imaginar lo que pasa dentro de las páginas.

En los libros donde sale el mar se te llenan los ojos de peces.

En los cuentos de estaciones, los viajeros con maleta saltan de una página a otra.

Dibujos donde se ve al lobo esperando a la Caperucita.

Libros de bolsillo para los municipales que quieren aprender a poner las multas con bonita letra.

Retratos de picacantropos (en casa todos dicen pitecántropos para hacerme rabiar).

Libracos de tapa dura llenos de relojes de sol y de puertas giratorias.

Historias de planetas...

...cuando es la época, se caen gajos de la Luna, que son dulces y jugosos... sólo que no puedes comer muchos, porque si abusas, te sueltan el vientre y todo el día tienes cagalera. Eso que los gajos de Luna dan diarrea, señora, dicen los médicos de cabecera...

También las ciruelas claudias, pienso mientras cierro la cubierta en forma de puerta...

—¡Eh! Oiga usted, este manojo de llaves debe de haberse escapado de algún libro.

—¿Qué dices, niña?

—Que aquí, encima de los libros, hay unas llaves que parecen de verdad...

—Son de verdad, gracias. Alguien debe de haberlas perdido. Las llevaremos a la caseta de la dirección y lo anunciarán por los altavoces...

—¡Venga ya! Usted bromea. Estas llaves no son de nadie, son unas llaves que han salido de un cuento.

—¿A quién quieres enrollar?

—Estoy segura de que no son de nadie y, por tanto, me las quedo.

—Mira, niña. No me hagas perder más la paciencia, porque aquí somos gente honrada y estas llaves seguro que son de algún cliente...

¡ATENCIÓN, ATENCIÓN! SE HA PERDIDO UNA NIÑA DE CUATRO AÑOS QUE SE LLAMA LIBERTAD. LLEVA UN VESTIDO AMARILLO Y UNOS ZAPATOS VIOLETA... UNA NIÑA QUE SE LLAMA LIBERTAD. LA ESPERAMOS EN LA PUERTA DE LA FERIA...

¡Malditos sean los servicios de megafonía!

¿Acaso no me han puesto Libertad y lo confirman todos los papeles que hacen referencia a mi persona?

Eché a correr topándome con todo el mundo; muchos me miraban y casi todos me decían: Niña, tus padres te buscan.

¡ATENCIÓN, ATENCIÓN! SE HA ENCONTRADO UN MANOJO DE LLAVES. QUIEN LO HAYA PERDIDO PUEDE RECOGERLO EN LA DIRECCIÓN...

¡Y dale con los servicios de megafonía!

A la vuelta pedí a mi familia que me dejase cambiar de nombre y que me pusiera Olegaria.

Todavía me llamo así.

Pasos de cebra

MIENTRAS me cepillo los dientes pienso que el resultado de mi escolarización, sin que se pueda decir que sea malo, no se puede afirmar que sea completo, ni mucho menos.

Para ponerme a mí mismo un ejemplo, nunca se me ha dado ningún tipo de instrucción que me permita afrontar las situaciones insólitas que en la vida se presentan.

...que si nuestra cultura comienza con los griegos, que si pasa por los romanos y que en la Edad Media... Que si descubrimos América y un poco más tarde América nos descubre a nosotros y a los de más allá, aunque lo último no sea nada de historia que me explicaron en la escuela... Cuestiones de naturaleza sabia y ciencias comprobables... matemáticas para tenerlo todo medido y a raya, técnicas aplicadas y medios de expresión y comunicación... normas de convivencia practicables en días señalados...

Hasta aquí el programa está más o menos bien, pero... ¿qué harás, Felipe, cuando seas mayor y una noche se te enreden los pies en un paso de cebra?

Ya os oigo. Los sencillos y limpios de corazón me dicen que llame a un guardia.

¡Pobres inocentes, por la noche no hay guardias!

Y mientras, el paso de cebra me aprieta los tobillos, me arranca los pelos de las piernas y me impide seguir avanzando como una persona sin impedimentos, discreta, anónima y bien educada...

Y suponiendo que me libere, tendré que meter los pantalones en la lavadora...

Pasos cortos, naturalmente, y no siempre hacia adelante.

Los peatones, si es que hay peatones en la acera por donde arrastro los pies, me guipan sin ver mis problemas. Buena cogorza, se dicen para dentro, calculando las distancias, mientras tú mides las paredes, las persianas onduladas y los portales de las casas, porque, sin pensarlo mucho, las manos hacen de pies si las circunstancias lo exigen... Si es que llegas al ascensor, puede ser que tengas que entrar a cuatro patas, que siempre será más práctico eso de entrar en una jaula colgante y automática que pulir con el cuerpo los sesenta y ocho escalones...

Y ahora tengo trozos del paso de cebra en el pasillo, en la cocina, en el salón, encima de las sillas, bajo la mesa, y a los pies del retrete... Trozos que vuelan de aquí para allá y que los espejos multiplican. Pero la mayor parte de las tiras blanquecinas todavía las llevo envolviéndome las piernas y ahogándome los zapatos.

—¿Y si avisases a tu médico de cabecera?

—¿Y si llamases a tu madre?

—¿O al cero noventa y uno?

Sugerencias ingenuas cargadas de buena fe que a veces te dicta tu otro yo sin pensárselo mucho.

Curiosamente, los guardias, los médicos de cabecera, las madres y el cero noventa y uno han acudido a mi escuela y les han dado el mismo programa.

¡Qué le vamos a hacer!

Cuando termine de lavarme los dientes, aprovechando la pereza obligatoria que me aprieta, leeré aquel artículo que recorté hace tiempo y que siempre me hubiera gustado leer. Se titula así:

EJERCICIOS PRÁCTICOS DE ADAPTACIÓN PARA LAS SIRENAS QUE DEBEN VIVIR FUERA DEL AGUA.

El quiosquero novel

EL día que el tío Armengol me dijo:

—Oye, chico: mañana me convendría que a las siete de la mañana fueses tú solo a abrir el quiosco de la Rambla porque yo debo ir al aeropuerto para recoger a la tía que vuelve de Australia cargada con bultos e historias.

Este día, digo, fui más feliz que un hueso con perro, ¡ay!, quiero decir que un perro con un hueso, porque esto significaba que el tío me veía capaz de regentar el quiosco a las horas más difíciles: cuando los repartidores te lanzan los paquetazos de periódicos, cuando tienes que hacer los montones, cortar las cuerdas, contentar a los clientes y dar bien el cambio para que nadie te engañe. También debes asegurarte de que el viento no se lleve las hojas.

—Tranquilo, tío —dije, poniendo cara de santo y metiendo las manos en los bolsillos—. Tranquilo, todo irá bien. Vigilaré el quiosco y a lo mejor te doblo las ventas. Hasta es posible que te atraiga nuevos clientes.

—No hace falta que grites ni gesticules, ¿entiendes? Hoy, al comprador sólo hay que escucharle —dijo el tío, un quiosquero experto y un psicólogo experimentado—. Aquí tienes las llaves: la del quiosco y la que abre la caja registradora. Cobrarás la parte proporcional de la jornada y un porcentaje sobre las ventas, que para eso eres pariente. ¡Ojo avizor y p'alante!

Cuando salí a la calle todavía era noche de tinta negra, pero todos los relojes marcaban, más o menos, las seis y media. El viento, obstinado y vocinglero, me roía las orejas, pero yo me fui de cabeza al metro. Me encontré con un repartidor de margaritas marinas y con una vaca sorda, supongo. De la boca del metro salía un aliento como el de un monstruo de sangre caliente. ¡Ve con cuidado, chico! Perdone, que llevo prisa... Triqui-traques y caras de haberse caído de la cama..., contar hasta cuatro estaciones y salir a la Rambla vacía de gente, llena de misterio, y estornudando en forma de aerosol. Tápate la boca, hijo, me hubiera dicho la abuela, pero yo... adelante, como si una aguja magnética me atrajese hacia el quiosco.

¡Uf, qué carrera!

¡Buff! (qué bufidos).

Dos vueltas de llave, encender la luz, subir los cierres, sacar los expositores, dar vueltas al de las postales, atar las lonas, soplar el polvo...

—Aquí tienes, chico. La prensa del día.

Firmé los albaranes, repartí los montones, vendí el primero, coloqué las pesas, vendí el segundo, descansé un poquito..., despaché un cuento de marcianos. Ahora le doy los cinco duros... ¿Usted quiere dos? Joven, ¿una guía de la ciudad son noventa? Cójala usted mismo. Postales. ¿Cuántas?... dos, cuatro, seis... son sesenta pesetas... sesenta y quince hacen setenta y cinco, y esto hace cien, y cuatro que son quinientas. Gracias. ¿El «Pravda»? Mire allí, por favor, donde los extranjeros. ¿No hay? Pero le puedo vender el «New York Times» de antes de ayer. ¿No le vale...? Qué le vamos a hacer, quizá otro día tenga lo que usted busca. ¡A pasarlo bien! ¿Un libro sobre astronomía? Seguro que sí. Eche un vistazo al quiosco antes de mirar los astros; aquí tengo catálogos, hojéelos, si quiere. ¿Libros de cocina y semanarios? A la derecha. ¡Eh!, cuidado con este perro, que no me levante la pata.

Hacía un rato largo que no llegaba con los pies a la tierra, pero no tenía tiempo para admirarme. Me devoraba el hambre y me hubiera gustado pegar un mordisco, pero entonces llegaron los turistas de mochila y había que vigilarlos e interpretar su mímica sin cortar el impulso. Estornudaba hacia dentro para no mojar las tapas... «Au revoir, monsieurs»... mucho ruido y pocas nueces. ¿Usted quiere una novela de misterio?

Todas aquellas lo son. ¡Eh!, chico, te sobran dos pesetas.

Los montones bajaban y la caja crecía ordenada, con los billetes bien colocados y con los rollos de cambio como me había recomendado mi tío... Me parecía que toda la vida había hecho de quiosquero y comenzaba a pensar que, si heredaba el negocio, me procuraría un ayudante de toda confianza para las horas de mayor venta. También haría algunos cambios en el interior. Me hacía pipí, pero me aguantaba. Alguien se había dejado, seguramente por olvido, unas gafas de sol descoloridas y las guardé por si venía a buscarlas... Entonces fue cuando vi a Ester. Ester es la chica que me gusta y la conozco desde hace tiempo, pero entonces ella me miró con ojos de preguntarse: ¿Todo eso es tuyo?... Supongo que en aquel momento fue cuando todo el material del quiosco echó a volar. Libros, revistas, periódicos, todas las postales, los mapas... Todo rompió en un aletazo de vida y se convirtió en una multitud de pájaros que se fugaron cielo arriba, llenando el espacio de colores, de formas y de griterío juguetón.

—¡Oh, qué bonito! —exclamó Ester, extendiendo los brazos.

—¡Regresad, regresad! —se ve que decía yo también extendiendo los brazos.

No se pudo hacer nada. Los libros-pájaros ya debían de rozar los tejados, locos de libertad.

El tío me dijo que no me molestara y que los dejase volar. Estuvimos hablando de ello largo tiempo, y, al final, me hizo una confidencia que me tranquilizó. El día que se estrenó como quiosquero, los libros se le convirtieron en lechugas; no volaron, claro está, pero tampoco se pudieron aprovechar.

Pocos aprovechan las varitas mágicas

LA mayoría de la gente nada sabe de los árboles de nieve. Pocos aprovechan las varitas mágicas.

Sólo los pájaros de luz, con sus picos de nácar, picotean las manzanas de niebla.

Casi nadie contempla los revoloteos de los pájaros de luz, y son minoría los que aprecian el cristal de Bohemia de sus excrementos...

La multitud anda muy distraída con el parpadear de los semáforos y se pierde los fenómenos que se dan de vez en cuando.

Como el crecimiento, en lugares estratégicos, de árboles de nieve.

No es que llegue a germinar toda la nieve que cae, ni mucho menos...

Sólo en lugares privilegiados la nieve crece y hecha raíces... También hace falta una posición muy peculiar de los astros, tierra abonada y esponjosa, pero sobre todo que los hados estén de buen humor.

En realidad, el humor de los hados hace germinar vegetaciones increíbles...

Cuando se dan estos requisitos, y los copos caen esparcidos con cierto paso de danza, entonces cabe esperar... Y puede que en febrero empiecen a apuntar, a flor de suelo, manojos de seis o siete tallos, que crecerán unidos como los juncos, bien dispuestos a convertirse en árbol.

A mediados de abril, el tronco es como una estalagmita de hielo, frágil y rutilante, que, en lugar de fundirse, crece con el sol y estrena ramas donde crecerán hojas redondeadas, brillantes como de acero inoxidable.

En julio aparecerán las flores del árbol de la nieve. Flores parecidas a las margaritas. Un botón violáceo en medio de un radial de pétalos larguísimos.

Pétalos tan largos y contundentes que, cuando les llega el tiempo de la caída, la sombra del árbol aparece sembrada de varitas mágicas.

La gente no sabe que son mágicas y por eso no las recoge.

Sólo las hadas apreciamos su calidad y las aprovechamos.

El fruto del árbol de la nieve son las manzanas de niebla.

Maduran en agosto, huelen a sol y se ven blanquecinas, transparentes, tersas como una inmensa burbuja...

Ya lo hemos dicho: sólo los pájaros de luz las picotean y estiman su sabor.

En esta ciudad hay, al menos, un árbol de nieve frente a la estación.

Hay épocas del año en las que los viajeros tropiezan con las varitas mágicas. Maldicen a los pájaros de luz porque les ensucian las maletas con cristal de Bohemia y, refunfuñando, se pierden entre la niebla que se escapa de las manzanas...

Sólo las hadas apreciamos estas cosas.

Por eso a menudo vamos a comprar billetes.

El satélite estacionado

DESDE las azoteas del cielo, la noche se volvía cada vez más oscura, y menos mal que en la calle había luz, luz aclaradora que radiaba de los faroles que se pasan la vida derechos y sin decir ni pío.

Los cucos salían de las cajas de los relojes para cantar las diez, y yo al mío tuve que decirle con gesto resignado: mira, estoy como antes, vigilando el satélite.

Y es que desde las ocho del anochecer no he quitado el ojo del satélite artificial que estaba bien aparcado delante de mi casa.

No es que me disguste hacer de guardia, no lo penséis, más bien lo contrario, pero los turistas del satélite debieron haber pensado que yo no tenía nada más que hacer o que soy un chico que no duerme de noche.

Dos horas vigilando el vehículo me parece un abuso de confianza y encima serían capaces de decir que los terrícolas no somos pacientes o que estamos atrasados técnicamente.

No les vi aterrizar. Apenas me di cuenta del bulto. ¿Qué te juegas a que son extranjeros de más allá del globo terráqueo?

Y a lo dicho hecho. Eran dos, y tan altos que debían de necesitar una bañera de dos metros.

Yo los enfoqué con los gemelos, que para eso los tengo, y vi que tenían cara de ser hombre y mujer; eso sí, tenían una cremallera alrededor de la cabeza por encima de las cejas y supuse que esto les permitiría abrirse la tapadera y meter en la mollera lo que normalmente nosotros nos metemos en el bolsillo.

Entusiasmado, observé el satélite e hice bien, porque pude ver cómo salían de él, en ese preciso momento, una pandilla de pequeñajos: ¡Caray! ¡Toda una excursión! —me dije en voz baja para no romper el equilibrio de esa visión sorprendente y estimulante.

Debían de ser muy juguetones, y bastante traviesos, porque uno de ellos le abrió la cremallera de la cabeza al compañero. De allí salieron dos pájaros, supongo que serían gorriones, pues son los únicos que viven dentro de la cabeza de las personas.

Cuando el padre y la madre, tan larguiruchos, se dieron cuenta del batir de las alas, dieron un rápido saltito para cogerlos, pero no pudieron hacer nada. Los gorriones quién sabe dónde estarían.

Mientras el niño de la cabeza abierta no paraba de llorar y le caían lágrimas como piñones, el que le había gastado la broma reía batiendo las orejas.

Cuando hablaban, parecía una algarabía humana, y creo que una niña «satelícola» quería dar sus gorrioncitos al niño que se había quedado sin ellos. La madre, si es que era su madre, le pegó un bofetón líquido y, después de estar un minuto deliberando, todos se subieron a la espalda de los larguiruchos padres y éstos echaron a volar. Primero dibujando una espiral ascendente, luego a gran velocidad en línea recta. Supongo que estarían persiguiendo a los gorriones fugitivos.

Al pasar delante de mi ventana, me pidieron por favor:

—¿Nos podrías vigilar el vehículo hasta que regresemos?

Les dije que sí, asintiendo con la cabeza, pues creía que iba a ser poca cosa.

A las once menos cuarto el cielo estaba tan negro que parecía como si le hubiesen echado un cierre metálico; además yo empezaba a estar harto. Para más inri era martes y yo los martes a las once menos cuarto tengo tanto sueño que me duermo encima del alféizar.

¡Qué lo vigilen ellos!, pensaba, malhumorado, o que lo aparquen en un garaje y no jueguen con las cremalleras, pues así no se les escaparían los pajaritos de la cabeza.

Me debí de quedar dormido como un tronco con los gemelos puestos, porque hoy, al abrir los ojos, en lugar del satélite estacionado, lo que había era un contenedor de los que pone el Ayuntamiento para dejar las botellas vacías.

¡Caramba!, me dije. Qué cosa más extraña… ¿Será que el satélite se convirtió en esa cosa? ¿Será que fui yo quien convirtió a esa cosa en satélite?

Por si no tuviera ya bastantes preguntas que hacerme, veo dos pájaros muertos en el alféizar de mi ventana.

¡Pobrecitos! ¡Qué pena me dan!

Los miro bien a través del cristal y de la tristeza y veo que tienen las alas enganchadas al cuerpo con cremalleras de circunvalación.

Ahora mismo pondré un anuncio en los periódicos por si alguien ha perdido alguno.

Pelota de noche

ALGUNAS noches, si no tengo sueño, me convierto en pelota y boto de la cama dispuesto a distraerme un poco.

He probado convertirme en otros objetos, pero nada me ha dado tan buen resultado como la pelota.

Decididamente, soy partidario de ella.

Transformado en este juguete, puedo andar por casa sin despertar sospechas y, de hecho, podría andar por cualquier lado, porque una pelota es un trasto de confianza que todos miran sin recelo, sin hacerse ni hacerle preguntas.

Además, de esta configuración física, eso que los mayores ahora llaman diseño, obtengo ventajas muy notables a la hora de andar por el mundo. Por ejemplo: es imposible que te pisen en el sentido absoluto de la palabra de aplastarte con el peso del cuerpo humano. Como mucho te endiñan un puntapié y basta, pero no pierdes la compostura.

Siendo una pelota, no se puede decir que seas un ente de gran autonomía, pero tampoco eres estático, y al más leve movimiento, expreso o fortuito, cambias de lugar, lo cual conlleva nuevas pespectivas. A cada golpe ganas impulso, que te traslada a otro sitio... Una pelota siempre va explorando caminos, os lo puedo asegurar.

Pero dejémonos de consideraciones.

Salto de la cama, os decía, y lo primero que rozo son los pares de zapatos vacíos que duermen en diversas posturas. Un zapato yace boca abajo, mostrando, sin vergüenza, partículas de polvo y trozos de pasos de cebra. Un calcetín holgado y hospitalario descansa a tres palmos de su gemelo.

Ruedo por el suelo frío y me doy con una de las patas de la cama aún caliente. Vista desde aquí, la cama es un animal en reposo: piernas delgadas y sin cola. ¡No se adivina que posee un cerebro de dos almohadas!

Hoy he saltado de la cama a las nueve y cuarto, cuando en la tele daban las noticias, y de rebote fui al pasillo. Desde allí llegué hasta la puerta del salón.

Nadie percibe mi vitalidad y, gracias a los destellos del aparato, exploro debajo del sofá: me topo con pelusas, una moneda de veinte duros y un tenedor con una judía. Las cosas vistas desde aquí adquieren un sentido nuevo y, si echas a volar la imaginación, los pies, embutidos en zapatillas afelpadas, parecen figuras fantasmagóricas.

El gato juega con un ovillo de lana y, sin querer, de un golpe me manda hasta un tiesto que acaban de regar...

—¿Sabes una cosa, Marta? —le dice mi padre a mi madre, aprovechando el espacio de los anuncios—. Encuentro que el chico es un poco retraído...

En este momento, un insecto intrépido se sube encima de mí y yo no me muevo para no espantarlo.

—...Sí, un poquitín soso. Yo, a su edad, me convertía en pelota todas las noches para oír las conversaciones que tenían los de la casa.

Después de escuchar esto, volví a mi cama disgustadísimo. ¡Yo, que pensaba haber descubierto la sopa de ajo!, y resulta que no, que mis ocurrencias vienen por herencia.

No puedo ni quiero imaginarme en qué me convertiré mañana por la noche.

Norte y Sur, Este y Oeste

ES bien cierto que el Hombre, el habitante más razonable del planeta Tierra, aprovecha todo para su uso y consumo, y que este afán de sacarle partido a las cosas le hace pasar por alto historias y trasiegos de elementos que utiliza.

Por ejemplo, ¿cuántas personas se han dado cuenta de que los puntos cardinales tienen buenas relaciones entre sí, se escriben cartas y se llaman por teléfono?

¿Cuántas personas saben que el Norte no participa en esta buena relación con sus compañeros?

Muy pocas, realmente, porque los medios de comunicación no se han ocupado de ello ni poco ni mucho. Además, cuando la gente señala alguno de los cuatro puntos de referencia, lo hace siempre como si se encontrasen muy lejos, como si nos fueran extraños.

A pesar de toda esta ignorancia, la historia de los cuatro personajes no es muy complicada.

Parece que un buen día, alguien que temió extraviarse y perder el orden de cada cosa en su sitio, estableció dividir el horizonte en cuatro puntos cardinales. Debió de ser un metomentodo, porque no hizo ninguna consulta previa, al menos según se sepa, con los interesados. Lo hizo a golpe de dicho y hecho, que es la manera más rápida de hacer las cosas. ¡Tú, Norte, al Norte! ¡Sur, al Sur! ¡Este, al Este! ¡Y tú, Oeste, al otro lado!...

Suponemos que, de momento, los cuatro puntos debieron de sentirse satisfechos por el servicio que hacían a la Humanidad.

Sin embargo, pasaba el tiempo y todo el mundo los señalaba sin decirles ni mu y, seguramente, eso les hizo descubrir que se encontraban aislados, sin ninguna posibilidad de intercambio.

Se aburrían, bostezaban y no veían claro su futuro. Vaya, ni claro ni oscuro, no veían el futuro por ningún lado.

Además, el hacer de punto cardinal es un trabajo poco creativo, casi rutinario y no deja mucho tiempo para pensar.

Al principio, cada cual comenzó a murmurar por su cuenta diciendo que los hombres eran unos explotadores convencidos de ser los dueños del mundo. La queja se hizo sentir en forma de viento, que a veces era fuerte como la tramontana, y que igual podía venir del Sur, del Este o del Oeste. Curiosamente, el Norte no abría la boca, no protestaba nunca.

Se ve que el Este soñaba con el Oeste, o quizá era al revés, pues para el caso es lo mismo, y un buen día se llamaron por teléfono. El otro estaba aburridísimo, y lo que más le dolía, decía, era no poder visitarle. Escríbeme y mándame postales.

De esta forma comenzó el trasiego de un punto a otro y,

como intuían que la unión hace la fuerza, después de hablar mucho de ello, se vieron con ánimo de llevar a cabo una revolución que los salvaría, si no de la ferocidad del hombre, por lo menos del tedio interminable que veían venir.

—¡Ésta es la situación! Lo que hace falta es pasar a la acción. Armar jaleo. Movernos. La comedia dura ya demasiado tiempo —escribía el Sur.

—Yo me inclino por una acción unitaria y simultánea... —contestaba el Este.

—Hombre, no somos nada más que cuatro —se decían por teléfono—; si no nos unimos..., ya empieza a ser hora.

Pero no pudieron unirse porque el Norte siempre se hacía el sueco y porque su situación era diferente, según él; llamó a los otros tres por teléfono para decirles sin rodeos:

—Como todas las brújulas del mundo se orientan hacia mí, eso indica que yo no soy un punto cualquiera. Me siento a gusto así, jamás me aburro, porque el aburrirse es una cuestión de principios. No estoy seguro de que sea un dios, pero sí que soy el rey.

Por eso no podía pensar en revoluciones ni en nada que se le pareciese.

El Sur, el Este y el Oeste se quedaron clavados sin salir de su asombro, y hasta hoy no sabemos si han hecho algo para movilizarse.

* * *

Es posible que alguna vez las brújulas se vuelvan locas, dejando de señalar hacia el Norte, y esto será porque han ocurrido varias cosas. Veamos algunas:

a) Que el Norte haya salido voluntariamente a viajar por el mundo y, claro está, las brújulas siempre le siguen.

b) Que el Sur, el Este y el Oeste le hayan dado una patada en el culo hasta ponerle en órbita, en vista de los cual estaríamos como en el caso anterior.

c) Que todos se hayan puesto de acuerdo y se desplacen de un sitio a otro riéndose del Hombre y de su dedo dictador. Es una posibilidad que tampoco se puede descartar.

Vale la pena que todo esto lo tengamos presente para evitarnos sorpresas, si es que llega el caso, y, como decía al principio, para que no ignoremos las trifulcas que configuran la vida de los elementos que nos sirven y nos padecen.

El envoltorio del Planeta

I

EL Vigilante acaba de abrir un ojo.

Se despereza.

Roza con su barba el cojín de niebla, bosteza y torpemente se da la vuelta.

Se adormece con una sonrisa beatífica que le es propia.

¡Los Hombres! ¡Qué niños son los Hombres!

Sostienen, nada más que con su imaginación, una red de meridianos y paralelos que envuelven el Planeta.

II

Al principio eran hilos frágiles, tenues, e hicieron sonreír al Vigilante.

Poca cosa. Juego de niños...

Con el índice recorrió el hilo de araña, aún mojado y tierno, y con un gesto benévolo rasgó la retícula en algún punto del hemisferio boreal.

—Vaya, no lo he querido hacer...

III

Y de nuevo, el Vigilante, recostado, baja mansamente los párpados.

Cabecea. Tiempo, tiempo, tiempo...

La red tirante, las rayas trazadas al compás y pobladas de gotas suspendidas, aparecen en sus sueños... visibles sobre el azul vaporoso del Planeta. Sol y guirigay de colores...

Tiempo, tiempo, tiempo...

IV

Esta vez se tantea la nariz con el revés de la mano antes de abrir el ojo... vehículo de retorno del sueño y de los sueños.

—No se ha movido —observa con placidez—, pero..., ¿es mi visión quien talla el azul de la esfera con este cordaje tan fuerte?

No. Son cuerdas.

Cuerdas encima y abajo, aquí y allá, encasillando la redondez etérea.

El índice del Vigilante sigue la vibrante tensión.

—Han mejorado el desgarro. ¡Ni se nota!... ¡Buen trabajo! ¡Han reforzado los hilos de la imaginación! ¡No se los puede dejar solos!

Bonachón, el Vigilante arranca una nota musical haciendo chasquear los dedos sobre la red a la altura del polo Norte. Luego, el sueño se llena de ropa tendida: cintas al sol por encima de la tensa tira de ecuador... túnicas blancas agitándose, sujetas sólo con pinzas... y, revoloteando, pájaros rojos, inquietos y chillones, que ensucian la colada...

I

Ahora mismo, el Vigilante abre un ojo.

Se despereza poco a poco. Roza con su barba el cojín de niebla y se da la vuelta.

Bosteza.

Igual que hacen los Hombres.

...Y es en este momento cuando su vista, errante aún, recibe el impacto metálico de la malla de acero que envuelve la esfera...

Pasará el índice por unos cuantos meridianos o paralelos y quizá sonría...

—¡Los Hombres! Cada vez que me despierto veo que tienen más fuertes los músculos de la imaginación. ¡Qué niños son los Hombres!

Y esta vez, cuando cierre el ojo, soñará con teleféricos danzando en la red que envuelve el Planeta.

El día que fue noche

UN día, el eje que atraviesa el Planeta de polo a polo se quedó clavado.

En América del Norte era de día y en buena parte de Europa era de noche. Eso pasa muchas veces.

Por la mañana, a la hora que suenan los despertadores, aquí en mi ciudad todo estaba bien oscuro y el cielo sembrado de estrellas.

Casi todo el mundo abrió los ojos, lo miró y se dio la vuelta en la cama, porque la gente pasa de las estrellas y sólo avisa a los bomberos cuando hay peligro.

Aquel día, los que trabajaban de noche dejaron la tarea con un cierto dolor de conciencia. Y regresaron a pie porque no funcionaban ni el metro ni los autobuses.

Tampoco funcionaban las escuelas ni los mercados, aunque sí la grúa municipal.

La gente tenía hambre e iba y venía de las neveras a la cama, satisfecha cuando había alcanzado la tortilla soñada.

En las clínicas nacían niños que en tiempos venideros tendrían problemas para celebrar su aniversario.

Las lunas de miel se prolongaban, favorecidas por una noche tan larga.

En el Consejo de Ministros no se veía bien lo de seguir el orden del día, ante todo si no había día...

La televisión dio la noticia de que al otro lado del mundo la noche había desaparecido y, entonces, todos cayeron: «¡Ah, claro está! A nosotros nos ha desaparecido el día.»

Los técnicos se levantaron y empezaron a apretar los ordenadores.

—Pero, ¿esto durará mucho? —se preguntaban los que siempre les había gustado ver el sol.

Otros decían a media voz: «¡Está muy bien, que dure mucho!» Eran los fabricantes de bombillas.

Del otro lado del mundo pasaba lo mismo: había quien estaba eufórico de vivir veinticuatro horas con luz de día y quien lo encontraba exagerado.

Si la cosa seguía así, se podía prever una época de grandes movimientos migratorios en busca de la vida diurna o nocturna, según el gusto o la comodidad.

Los políticos, más indecisos que nunca, encontraban que había que estudiar todos los pros y todos los contras que ofrecía la nueva situación.

Los científicos, de momento, no tenían respuesta sobre la naturaleza y el funcionamiento del fenómeno, y faltos de precedentes como estaban, no querían perderse en inconcreciones inverificables.

Los técnicos seguían apretando los ordenadores, pero no encontraban solución.

Los filósofos, los sociólogos, los poetas y los asesores de imagen no contestaban al teléfono.

Hasta que un trapero ilustrado, que se entretenía revolviendo papeles a la luz de una vela, leyó en un manuscrito descolorido y roído por las ratas, que allá por abril del año 999 se había lubricado el eje de la Tierra con grandes cantidades de grasa de gallina.

—¡Apostaría que nadie más lo volvió a engrasar nunca!

Una vez hechas las consultas pertinentes, se confirmó, efectivamente, que durante diez siglos nadie había hecho esta labor.

El descubrimiento significó el primer paso a la solución del problema.

Echándolo a cara o cruz, el consejo ejecutivo decidió si había que empujar el globo hacia adelante o hacia atrás.

Una vez resuelto este detalle, todo fue como la seda.

Se utilizó un producto químico envasado en aerosol. Una vez untados los engranajes, en mi ciudad se hizo de día poco a poco.

Ya sólo quedaba el problema de ajustar los relojes a la hora solar y restablecer todos los ritmos.

Y en ésa estamos: de momento vamos alternando los días con las noches, mientras no haya otra cosa...

Más que nada lo he escrito para dejar constancia de ello... por si se diese el caso de que allá por el año 3000 se volviesen a olvidar del engrase y del empujón.

Sirona reflexiona

CUANDO el señor Gasull supo que volvía a estar en el paro, me dijo:

—Mira, Sirona, ahora vienen las Navidades y con dos semanas haciendo paquetes te puedes llevar doce mil pesetitas.

¡Hacer paquetes! Se dice pronto.

¡Dos semanas, poca cosa! Dos semanas quiere decir diez días y diez días quiere decir ochenta horas... como siga así. Esa pava de encargada que siempre te sale de improviso cuando menos te lo esperas, nunca te deja sentar el culo, porque es norma de la casa hacer los paquetes de pie.

De pie y con los dedos ligeros.

Lo tienen todo comprobado y cronometrado. Con el personal bien sentado no les saldrían tantos ni tan bien hechos. Cada empaquetador debe tener un espacio para maniobrar sin obstáculos y, sobre todo, no charlar con los demás. Hay música de fondo que va subiendo de tono a medida que avanza la jornada, y se sabe que salen más paquetes durante las dos primeras horas: una media de tres coma siete más que en las dos horas siguientes... Por eso, por la tarde se cambia de trabajo y nos ponen a llenar cestas...

¡Las cosas que se aprenden!

Lástima que nunca pueda ejercer el mando para aplicar los conocimientos que ahora voy adquiriendo.

Los primeros días de trabajo no podía con mis piernas, pero esto ya no me pasa. De cuando en cuando me las rasco contra la pata de la mesa y así encuentro consuelo. Por la tarde veo volar sombras por el almacén, pero ya me han dicho que es un efecto óptico producido por los dibujos del papel de regalo. Todo el mundo ve más o menos lo mismo. También se me hizo un callo en el dedo gordo de tanto cortar los lazos. Contando por lo bajo, hago de cuatrocientos a quinientos al día. Antes me gustaban los lazos. Ahora me despiertan sentimientos agresivos desmesurados y, a veces, me los imagino estrechando el cuello de alguien. ¡Lo que es la deformación profesional!

Los rollos de papel higiénico son fáciles. Los haces rodar por encima de la hoja de papel, los fijas por la mitad, doblas los lados dejando los agujeros destapados. Pierdes más tiempo explicando que haciéndolo... Parece que los quieren para decorar los escaparates; allí pondrán los objetos y los iluminarán con un foco. El caso es crear misterio y despertar deseos de posesión, que para eso están las fiestas.

Ahora, cada vez que vea un rollo de papel de water pensaré en eso que dicen del sistema capitalista y que yo adivino, más que conozco.

Está claro que más flacas las pasé el año pasado.

El Puqui, el chico que rondaba por el barrio, y un conocido suyo, que se llamaba el Cola, me dijeron:

—Mira, Sirona, podrías venir con nosotros al Ensanche a hacer los semáforos. Por Navidades, los automovilistas, ablandados por el ambiente, deben de dejar que los limpien los cristales con más facilidad... Además, si ven una chica, aflojarán la mosca...

¡El Puqui y el Cola creían dominar eso que se llama los efectos psicológicos!

Ahora, mirándolo desde la distancia, me hago cargo del fracaso. Fuera de los coches, el invierno se derramaba por todos los lados y los conductores lo miraban desde dentro con la panza apuntando a los cristales. Nos veían blandiendo las esponjas empapadas en agua sucia, las manos rojas de sabañones, el aliento vaporizado y las narices a moco tendido. Debía de darles frío nada más vernos y creían mejor tener los cristales llenos de polvo. Decían que no con un movimiento de cabeza enérgico y que no admitía alternativa.

A la vista de estos resultados, quedamos más tiesos que un inspector de Hacienda, y acto seguido deshicimos la sociedad. El Puqui se marchó a Lérida nada más terminar las fiestas y al Cola también le perdí el rastro.

A pesar de todo, del frío y del fracaso, fue toda una experiencia. Y ahora pienso que si hubiésemos tenido el acierto y la paciencia de hacer un estudio de mercado, y en este caso concreto quiero decir de esquina, habríamos llegado a saber en qué puntos concretos de la ciudad la gente del volante se deja convencer y por qué. Habría sido conveniente hacer encuestas entre los limpiadores de cristales. Ver a qué hora del día se obtienen resultados más positivos, en qué época del año sube o baja el porcentaje de gente que dice que sí, observar el color y la forma de los cubos que se van a utilizar y si producen efectos de repudio o complacencia... Y con toda esta información en la mano se hubiera podido montar un negocio con un mínimo de garantía...

Se termina el montón y yo no paro de pensar.

De aquí a cinco días tendré doce mil calas, y la verdad es que no sé qué hacer. Por un lado, pienso que podía buscar al Puqui y al Cola para proponerles la operación. Yo pondría el dinero y las ideas y ellos que pusieran el trabajo... Pero, por otro lado, pienso que también me gustaría aprovechar que tengo dinero para comprarme cosas...

¡Se ven tantas maravillas estos días en los escaparates!

Mi novia americana

CONOCÍ a Betty en el entierro de un amigo común y, desde el primer momento, me sentí cautivado por su gran personalidad y belleza.

Ella estaba fumando tranquilamente y se lo tomaba todo con un aire de resignación y paciencia que la hacía distinta de todas las demás mujeres asistentes al acto.

Me acerqué casi instintivamente y como un palurdo le pedí fuego, tan sólo por pedirle algo.

—También querrás un cigarro, ¿no?

—Si no te importa...

Me quedé mirando sus manos, tan finas que dejaban adivinar unos huesos de artesanía y una piel de seda...

Me ofreció fuego con un mechero tan sofisticado que un poco más y me quema el bigote. Chapado en oro, lleno de botones y agujeros, de uno de los cuales salía una llama graduable que cambiaba de color a cada instante.

—¡Qué maravilla! —exclamé como un tonto.

Y ella me lo dejó sujetar con la mano.

Su tabaco también era aromático y delicioso.

La chica era tan alta que me sobrepasaba en un palmo, y su cuerpo esbelto y bien proporcionado permitía afirmar desde el primer golpe de vista que allí no faltaba nada y que todo estaba diseñado con gusto. El cabello rubio, un poquitín despeinado. Sus ojos, azules como las judías tiernas; los pómulos redondos y una mirada de taquicardia...

No es necesario decir que no me moví de su lado y que para mí el entierro terminó de la mejor manera posible.

Después de despedirnos de la familia del muerto, caminamos un buen rato juntos y ella se entretenía sorprendiéndome a cada momento con los pequeños objetos fabricados en su país.

Yo demostraba mi admiración por ella y por los objetos sin ninguna prudencia.

Me propuso entrar en una cafetería y acepté.

Estuvimos sentados en un rincón durante cuatro horas y veinte minutos y yo me tomé seis güisquis para agarrar una.

Llegó la hora de las confidencias y cada uno fue dando su punto de vista sobre el funcionamiento del mundo y demás tonterías.

Ella me contó muchas cosas sin parar de fumar. Era psicóloga, pero sólo ejercía cuando se le presentaban casos muy particulares. Vino a nuestro país con la misión de promocionar y de vender unos aparatos que te embargaban al instante. Se trataba de aspiradoras para niebla.

Tenía el propósito de instalar una sucursal distribuidora en la Plana de Vic. Las máquinas consistían en un mecanismo aplicado a una avioneta que, volando por encima de los lugares donde había que aspirar y con sólo pulsar unos botones que, según dijo, hasta un niño podría manipular, ponían en marcha un potente artefacto que dejaba el paisaje limpio como un espejo.

La niebla, por si no lo sabéis, no es otra cosa que agua y quedaba almacenada en unos depósitos especiales que se enviaban a Norteamérica para convertirla en una Coca-Cola con bouquet, como dirían los franceses, y que estaba, por lo visto, muy solicitada, llegando incluso a presidir grandes mesas.

Otro producto que el aparato aspiraba eran los humos y la polución. El polvo recogido tenía diferentes aplicaciones que se vendían a países subdesarrollados.

Podéis creerme: Betty me lo explicó con gran entusiasmo y movimiento de ojos y no pude reprimir las ganas de ver el aparato, si podía ser en pleno funcionamiento... Y además, hasta sin haberlo visto, estaba dispuesto, si no a comprarlo, porque al final del todo soy realista, sí al menos a recomendar a nuestra administración y al público en general que lo comprase en seguida.

Por otro lado, como ya dije, Betty era psicóloga y, después que yo le hubiese explicado gran parte de mi vida y no pocos milagros, me dijo que encontraba en mi carácter un equilibrio muy especial, mezcla de timidez y audacia, poco frecuente a diario, y que tenía gran interés en estudiarlo.

Me dio la dirección de su apartamento y no es preciso decir que fui allí tantas veces como hizo falta para que ella pudiese investigar tranquilamente mis peculiaridades.

Así comenzó nuestra relación y mi vida cambió radicalmente. Cuando no estaba en el sofá de la psicóloga, estaba

pilotando una avioneta y chupando niebla delante de posibles compradores.

Llegué a creer que Betty me quería, a pesar de su innegable superioridad, y que, si bien yo no era para ella lo que se dice un partido, sí, por lo menos, tenía unas peculiaridades que le encantaban.

Aquello duró unos meses. Un tiempo francamente perfecto.

Hasta que una mañana, cuando estaba cerca de la Moncada, Betty se empeñó en subir a la avioneta con un chico ruso que vino para hacer unos estudios de mercado y vender misiles de bolsillo.

Me quedé en tierra esperando que regresasen, y después de mucho tiempo tuve que regresar en auto-stop.

Con el corazón destrozado, me hice a la idea, poco a poco, de que aquello había terminado y, desde aquel entonces, todo lo que viene de lejos me da escalofríos y procuro evitar el trato con las personas y los productos.

Y es por eso, por estar ocupado y olvidar, por lo que acabo de abrir un restaurante chino en el número cuarenta y siete de la Rambla. El aspirador de niebla lo tengo instalado en el vestíbulo y el misil de bolsillo lo paseo por todas partes.

Ya lo sabéis. Todos estáis invitados. Durante esta semana hago el diez por ciento de descuento a todos los clientes.

Los porcentajes y los eruditos

SE le podría llamar el País del Tanto por Ciento porque la mayoría de la población manifestaba un gusto casi irreprimible por la estadística.

Cualquier producto que comprasen, natural o torrefacto, llevaba etiquetas con los porcentajes de la producción, las ventas y la intoxicación...

Los ciudadanos estaban tan habituados a contestar a las encuestas, que si no desayunaban poniendo cruces les parecía que harían mala digestión. De hecho, esta actividad sustituyó a la lectura del periódico, práctica que fue más o menos habitual a lo largo del siglo XX, y si, por poner un ejemplo, los clientes de un restaurante no encontraban en la carta los porcentajes que indicasen qué platos habían sido más solicitados a lo largo del trimestre, lo reclamaban inmediatamente con un cierto tono de mal humor...

Y en este país, cuyo nombre no viene al caso, y que pienso que, de momento, tampoco es el caso de localizarlo en el mapa; en este país, repito, había problemas. Problemas de toda medida, consistencia y color, pero, básicamente, aho-

989
1988
19
88
E F M A N J A S O N D
6%
12%
16-24
5'3%
a

ra y aquí, sólo os explicaré uno: los eruditos nacían allí marcados.

Lo has entendido bien: los eruditos venían al mundo con una marca.

Los primeros niños y niñas que nacieron con un plumón que se extendía a lo largo del antebrazo, desde el codo hasta el dedo meñique, para precisar, fueron objeto de todo tipo de especulaciones y de expectación, sobre todo cuando hacia la pubertad el plumón se les transformaba en plumas con todos los pelos y señales. Plumas tan suaves como queráis, pero espesas y contundentes, y como parece que la biología evolutiva tiene una cierta propensión a creer que todo sirve para algo y, en aquel país, si uno no era biólogo evolutivo al menos era miembro de la sociedad capitalista, pues entonces todo el mundo se preguntaba:

—¿Les servirán para algo las plumas a estos ciudadanos?

La respuesta no podía ser inmediata.

Las personas con los brazos acolchados tenían todas la misma tendencia a arrastrar las plumas por encima de las mesas de las bibliotecas, las páginas de los libros y otros papeles.

Con el tiempo se fue viendo que nacer emplumado era una predestinación, una señal de futuro; y una vez admitida esta constante, a estos ciudadanos, cuando eran pequeños, no les regalaban juguetes, no iban al zoo ni se subían a los columpios. Tampoco hacían la mili.

Nada de eso era necesario.

Los eruditos no se presentaban a las elecciones porque seguramente hubieran cosechado tan pocos votos que, estadísticamente hablando, habrían despertado la compasión de sus conciudadanos. Y otra cosa que también demostraban los recuentos era que los eruditos se abstenían de votar porque, según parece, ningún programa político les venía al pelo.

Tampoco compraban nada de aquello que se anunciaba como lo bueno y lo mejor.

Otra característica de la gente emplumada es que conducían vehículos, eso sí, pero nunca pasaban de noventa. Normalmente usaban coches estropeados y de poca potencia, casi siempre te los podías encontrar por la autopista tragando el carril de la derecha entre camiones cisternas y grúas remolcadoras.

Estaba demostrado que los eruditos gozaban de buena salud y tenían una vida larga. Gastaban poco en farmacias, peluquerías o sastres. Rehusaban hacer operaciones bancarias, nunca sacaban brillo a los zapatos y les importaba un comino la jubilación.

Todos decían: ¡mira, un erudito!, cuando se veía que éste atravesaba un paso de cebra o cogía el metro y la temperatura los obligaba a ir con las mangas de la camisa arremangadas...

Normalmente se casaban entre ellos, aunque la afinidad no garantiza la felicidad y, curiosamente, la descendencia sólo salía erudita en un tres coma seis por ciento.

Pero yo he anunciado al principio que los eruditos marcados suponían un problema para el País del Tanto por Ciento y, honradamente, pienso que lo debo matizar, más que otra cosa la marca de los eruditos era un desengaño.

En otros tiempos llegaban a descubrir que una persona era erudita cuando ésta ya había cumplido una buena cincuentena de años, pasando y repasando por todas las fases de desorientación que la gente sin destino preestablecido vive en una u otra temporada.

No sé vosotros, pero yo, pensándolo bien, como soy partidario del misterio, de las adivinanzas y de los finales inesperados, si tengo un hijo con un plumón en los brazos, le afeitaré cada vez que haga falta.

Los mojones

ERA uno de esos pueblos, ya bien escasos, que precisamente por eso, si las cancillerías correspondientes tuvieran algo de visión de futuro, deberían proteger como se protegen las pirámides de Egipto.

Pues bien, este pueblo estaba unido a otro, un pelo más grande, por una carretera de tercero o cuarto orden que no viene en el mapa ni tiene señales, ni rayas continuas ni discontinuas. Tenía, eso sí, unos mojones de piedra en forma de flanes, y de un pueblo a otro había treinta y cuatro.

Una buena mañana, el chófer del camión que recogía la leche al pie de la carretera, y que era el primero que pasaba cada día por allí, se dio cuenta de que todo aquel bien de Dios, los mojones, habían desaparecido dejando un agujero en la tierra. Pensó en ello un rato, pero como tenía muchas otras preocupaciones, lo dejó pasar.

Cuando los campesinos fueron a recoger las cántaras vacías que dejaba el camionero, cada uno de ellos se dio cuenta de que faltaba su mojón, pero no lo dieron importancia ni tampoco pensaron que faltarían los treinta y cuatro.

Como a eso de las diez, un viajante de perfumería que venía al pueblo a vender jabón de afeitar notó el extraño fenómeno, nada más llegar lo comentó en el hostal. Se hacen comentarios y suposiciones de todos los colores, pero al final, como nadie se siente propietario de los mojones, lo pasan por alto.

Por la tarde, el alcalde del pueblo acude al Ayuntamiento para ver si en la ratonera que pone cada día ha caído alguna rata. Se encuentra con el alguacil, que desgranaba guisantes en la escalera.

—¿Ya sabes que esta noche se han llevado todos los mojones de la carretera?

—¿Quién?

—¡No lo sé! Sólo han dejado los agujeros. Debían de tener buenas herramientas.

El alcalde no terminó de creérselo.

—¡Lo que tú dices es imposible hacerlo en una noche!

—Pues vete a verlo.

El alcalde se arremangó las perneras, se puso una pinza en cada una y acto seguido se subió en la bicicleta.

—Aquí tienes las llaves. Mira tú mismo si ha caído alguna rata.

Pedaleó carretera adelante y se fue parando delante de cada agujero.

—Si no lo veo, no lo creo —iba pensando en voz alta—. ¿Y para qué demonios los querrán?

Se preocupó, más que nada, porque no sabía si debía dar parte al Gobierno Civil o a Obras Públicas, o, mejor, no decir nada a nadie. Pensándolo bien, posiblemente fuesen ellos mismos los que habían quitado aquellos mojones porque los encontraban viejos y traerían otros. Ellos hacían y deshacían sin dar explicaciones a nadie y tenían la maquinaria apropiada para arrancar y llevarse treinta y cuatro mojones en una noche. ¿Y por qué de noche?

Pedaleando cuesta arriba, respiraba mal, y al llegar a la placita, las gotas de sudor le pintaban la camisa.

—Y bien, ¿que te parece? —preguntó el alguacil, que seguía con los guisantes.

—Tienes razón y no entiendo cómo se los pudieron llevar. ¿Cayó alguna rata?

—No. La trampa está igual y creo que no caen porque el queso está rancio y no les gusta.

—Mañana lo cambiaré.

Pasaron unos cuantos días y nadie se presentó para tapar los agujeros. Cuando llovía, el agua formaba grandes charcos y a los de Roquetas allí se les ahogó un pollito. Los niños de Clarella jugaban a tirar piedras y hierba, cada vez más verde, pues el tiempo era húmedo. Pronto se taparían aquellas señales y ya nadie recordaría los mojones desaparecidos.

El alcalde, desde los primeros días, daba vueltas al tema, pero al final se olvidó.

Los días y los meses pasaban sin cansarse, uno tras otro.

En el Ayuntamiento del pueblo seguía habiendo ratas, pero no se dejaban atrapar.

* * *

...Más allá del océano y casi del otro lado del mundo, una gran potencia que se había apropiado de los mojones

bottlepun
A lot
think
it's a
fare-
well
¿Yes?

los exhibía con esmero en la sala de un museo importante.

Turistas de todo el mundo desfilaban asombrados delante de estos tapones gigantes. Estaban muy bien iluminados y al pie tenían un rótulo explicativo. Unas veces los guías, y otras los magnetófonos, daban información sobre ellos en todos los idiomas.

«Son treinta y cuatro tapones de piedra calcárea provenientes de una civilización prehistórica muy avanzada y aún poco estudiada. Se supone que fueron utilizados para tapar botellas o frascos de un tamaño descomunal y que son buscados con gran interés por los arqueólogos norteamericanos.»

No es preciso decir que los visitantes salen de la sala impresionados y hacen comentarios sobre esta civilización que poseía unos utensilios tan colosales. También elogian a los dinámicos norteamericanos que fomentan trabajos sobre la búsqueda cultural valiéndose de su capacidad económica y técnica.

Todo el mundo les desea un gran éxito.

Terapia de grupo

EN casa estaban angustiados: un buen día empecé a dar bostezos irreprimibles. Me llevaron a la consulta de tres médicos y de un dentista, pero ninguno de ellos supo qué hacer con mi caso.

El primer médico, que era el que me tocaba, un hombre tan misterioso como un semáforo azul, me miró con cara de asco y me recetó vitaminas. Mi madre, con modales de buena persona y la sonrisa encogida por tanta educación, le preguntó de dónde podía venir aquello, pero él dijo: tres cada día. Una después de cada comida.

El segundo doctor era cuñado de un vecino y se llamaba Tampoc Sorribes, me acuerdo bien. Me examinó de arriba abajo y se quedó perplejo, con una mano en la barbilla y los ojos clavados en una sarta de libros que se ve que no decían nada de mi caso. Me recomendó dejar las vitaminas y tratar de distraerme con cualquier cosa que me divirtiese mucho. Me preguntó si sabía nadar, si sabía jugar al ajedrez, si practicaba la vela, si seguía la vuelta ciclista... Más que médico parecía un entrevistador y nos cobró la visita un poco cara, pero mi familia no se desanimó. Al cabo de una semana,

como yo seguía igual, me llevaron a la consulta de un médico de medicina general que hacía años había curado, a base de cerveza, a una hermana de la abuela que tenía piedras en el riñón. No le gustaba nada la cerveza, pero desde entonces no bebe otra cosa, con el riesgo de que se disuelvan otras piezas vitales, aparte las piedras. A lo que iba: este señor, que se llamaba Pedrós y Roca, me hizo los análisis de todo lo que la gente tenemos por analizar, y me encontró muy bien: me sobraban hematíes y leucocitos. Estaba perfectamente de colesterol, bilirrubina B, lípidos, sales y pigmentos, y además me dijo que ojalá la población mundial tuviese mi salud y mis energías.

Las arrugas de la frente de mis padres se fueron haciendo cada día más profundas de tanto pensar en mi problema. No se resignaban con tener una hija como yo y, como se veía que los médicos titulares no encontraban una solución, pensaron recurrir a la brujería. Pero antes de todo decidieron llevarme al dentista por una razón: como yo hacía una media de doce bostezos por minuto, mostraba constantemente un par de muelas carcomidas que no me agraciaban en nada. El sacamuelas, después de hacer su trabajo, comentó que, si yo fuese su hija, me llevaría a ver a un especialista muy bueno en casos extraños, él lo conocía personalmente y ponía la mano sobre el fuego porque estaba seguro de que me curaría los bostezos. Mi padre, receptivo como estaba a las nuevas soluciones, se apuntó la dirección y me llevó al otro día.

No llegamos a ver al médico. Después de tocar el timbre, que tenía un sonido musical, nos abrió la puerta una muchacha muy mona y nos hizo pasar. Echamos un vistazo redondo a la sala, porque la sala de espera era redonda y con un perfume fenomenal. Otra muchacha nos dio una hoja de instrucciones escrita en lengua bilingüe. De suerte que nosotros, aunque no somos del país de los bilingües, lo entendimos.

Cada paciente tenía delante de sí un micrófono y debía contar su caso, que supongo quedaría grabado. Me senté en la única silla que quedaba libre y comencé siguiendo las instrucciones:

—Me llamo Adelina. Nueve años. Soltera. Sin profesión... Desde hace un mes bostezo constantemente a velocidad variable, pero que nunca baja de ocho bostezos por minuto. Paso.

El de mi lado soltó:

—Me llamo Joaquín. Cuarenta y seis. Viudo. Cultivo claveles de mar. Mi problema es que me siento como un náufrago en casa. Se me han terminado las provisiones. Tengo una barba que me la piso y no pasa ningún barco. Paso.

—Me llamo Simón Rodonella. Cuarenta y nueve. Casado. Juez de paz. Desde hace un tiempo me paso el día diciendo: dieciséis jueces y un juzgado comen el hígado de un ahorcado. Dieciséis jueces... Paso.

—Me llamo Landia Comes. Treinta años. Soltera. Maestra de escuela. Sueño con ventanas. En mis lecciones sólo hablo de ventanas. Tengo la cabeza llena de ventanas. Supongo que es una corriente de aire... Paso.

—Jerónima Cabot. Cincuenta y seis años. Casada. Modista. Me salió un salpullido de ojales y botones. Paso.

—Me llamo Cayetano Lluc. Cuarenta justos. Casado. Conduzco un buldozer. La boca me sabe a gasolina. Paso.

—Valentín Conflent. Dieciocho. Soltero. Poeta. Tengo un mar entero dentro de un cajón y cada vez que lo abro las olas me salpican los brazos. Miren cuántas pecas.

La ronda había terminado y me tocaba otra vez a mí, pero ya no era necesario porque desde hacía rato ya no bostezaba. Era un caso resuelto y una de las chicas le pasó la factura a mi padre. Ahora es él quien se ha hecho un adicto de la terapia de grupo y se vuelve loco por los micrófonos.

De esta forma no terminaremos nunca.

Índice

COLECCIÓN **ALA DELTA**

Series:

AMARILLA (**A**): A partir de los 3 años.
ROJA (**R**): A partir de los 5 años.
AZUL (**Az**): A partir de los 8 años.
VERDE (**V**): A partir de los 11 años.
MARRÓN (**M**): A partir de los 13 años.
GRIS (**G**): Experiencias.

1. *Lun.* CARLOS MURCIANO. (A)
2. *El conuco de tío Conejo.* ARTURO USLAR PIETRI. (A)
3. *El gegenio.* FERNANDO ALONSO. (A)
4. *Poemas a doña Chavala.* MARINA ROMERO. (A)
5. *Cuento de papá.* EUGÈNE IONESCO. (A)
6. *Los machafatos.* CONSUELO ARMIJO. (R)
7. *Doneco Teleco.* PILAR MATEOS. (R)
8. *Sin trompa y sin melena.* JESÚS BALLAZ. (R)
9. *El gato chino.* JOSÉ LUIS OLAIZOLA. (R)
10. *El cartero que se convirtió en carta.* ALFREDO GÓMEZ CERDÁ. (R)
11. *La estrella.* JESÚS OLÓRIZ. (R)
12. *Nico, el huracán.* JOSÉ MANUEL BRIONES. (Az)
13. *Felipe Marlot, detective.* JOAQUIM CARBÓ. (Az)
14. *El cabrerillo.* JUAN ANTONIO LAIGLESIA. (Az)
15. *Nuevas aventuras de fray Perico.* JUAN MUÑOZ. (Az)
16. *Niña Claudia.* CARLOS PUERTO. (Az)
17. *Picasso pinta a Pinocho.* PACO CLIMENT. (Az)
18. *El arca de Noé.* ALFONSO MARTÍNEZ MENA. (V)
19. *El vidente.* PILAR MATEOS. (V)
20. *Apex, la guerra de las horas.* MIGUEL ÁNGEL MENDO. (V)
21. *Dardo y Huracán.* MIGUEL MARTÍN FERNÁNDEZ DE VELASCO. (V)
22. *Tres cuentos.* ARTURO USLAR PIETRI. (M)
23. *El rey de las alcantarillas.* CARLOS FRESNEDA. (G)
24. *Historia de San Kildán.* AVELINO HERNÁNDEZ. (M)
25. *Norte y Sur.* CÉSAR PÉREZ DE TUDELA. (G)
26. *Habitantes de las marismas.* JESÚS GONZÁLEZ GREEN. (G)

27. *Una lata en un callejón.* JORGE BOGAERTS . (A)
28. *Una pandilla de pesadilla.* JESÚS ZATÓN. (A)
29. *Colo y el mar.* JUAN IGNACIO HERRERA. (A)
30. *El bordón y la estrella.* JOAQUÍN AGUIRRE BELLVER. (V)
31. *Perucho, un paje en la corte.* HIPÓLITO ESCOLAR. (M)
32. *Juan Castigo y Pocarropa.* JOSÉ LUIS MOLINA. (V)
33. *Cuentos para la hora de los postres.* MARÍA DOLORS ALIBÉS. (V)